DIYでつくる収納

ハレルヤ工房・玉井香織 著

デッドスペース＆押し入れ活用術

ナツメ社

JN136651

デッドスペースを見つけたら収納のチャンス。
DIYでぴったりの収納家具を手作りしましょう。

お家の中に気づかないうちにぽっかりと空いてしまっているスペースはありませんか？
もしかしたら、それは日常の"困りごと"をなくしてくれる収納場所に大変身するかもしれません。
「収納場所をもっと増やしたい」「こんなところに収納できたら便利かも」と思い立ったら
チャンスです！ DIYで収納場所を生かした家具を作ってみましょう。

キッチンまわりは上の空間を上手に生かしたい

食器や調理器具、調味料など細々としたものが増えがちなキッチン。シンクやコンロまわりにものが集中しますが、上を見上げると意外にも空いた空間が見つかりました。DIYで収納棚をうまく取り入れれば、こんなデッドスペースも生かすことができます。

人の集まるリビングでは「見せる収納」を意識して

人が集まるリビングは、「見せる収納」ができる場所でもあります。いつも使うものは手の届きやすい場所に、たまに使うものは邪魔にならない場所に。キッチンとの間に取り付けた有孔ボードは、小物を掛けるのに便利で、キッチンの目隠しにもなっています。

prologue デッドスペースの見つけ方

シンクの上もすのこを使えば調理台に

キッチンのシンク上の空間も、水を使わないときは調理台に変身。DIYの万能アイテム「すのこ」を使って簡単に作ることができました。狭いキッチンでも、シンク上の空間が使えるだけで一気に作業スペースが増えるので、毎日の調理がラクになります。

デスクまわりには移動も掃除もしやすいキャスター付きの棚を

デスク脇に移動がラクにできるキャスター付きの収納棚を置きました。「ちょっと手を伸ばしたところに収納」が叶い、普段の掃除の際の移動も手間いらず。デスクの下にも収まるように、高さを計算して作りました。DIYならジャストサイズの家具に仕上げることができます。

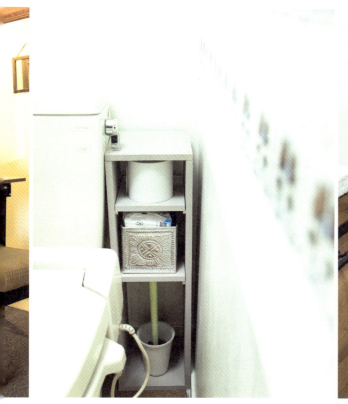 

トイレは隙間や上の空間を
生かすのがポイント

トイレのタンクと壁の間のスペースに、掃除道具や洗剤のストックを収納するためのスリムな棚を置きました。トイレなどの狭いスペースでは、隙間や上の空間をうまく使うのがポイントです。頻繁に使うものも、出入りや掃除の邪魔にならないように収納できる場所をチェックしてみましょう。日常のストレスにならないことが成功の秘訣です。

一気に収納量がアップする
キャビネット付きの洗面台に

水回りの収納量をアップさせるために、キャビネット付きの洗面台を作りました。洗面ボウルはキャビネットにのせるだけのシンプルなものを使っています。キャビネットの扉は使いやすさを考えて、手を掛けるだけで開く、取っ手のないデザインに。側面にフックなどを取り付ければ、掛ける収納もプラスできます。

contents

- 2 *prologue* デッドスペースの見つけ方
- 10 基本的なDIY用語をチェックしましょう

chapter 1
11 デッドスペースを DIYで変身させる

初級

idea 1
- 12 **りんご箱の収納ボックスを作る**
- 14 作業工程
- 18 アレンジ 蝶番で可動式にする

idea 2
- 19 **ウォールシェルフを作る**
- 21 下地探しで壁の間柱を探す
- 22 ウォールシェルフAの作業工程
- 25 ウォールシェルフBの作業工程
- 28 ウォールシェルフCの作業工程

idea 3
- 31 **マグネットウォールを作る**
- 33 作業工程
- 36 アレンジ フォトフレームの小物収納

idea 4
- 37 **吊るす・突っ張る収納術**
- 39 吊るす収納術の作業工程
- 40 突っ張り収納棚の作業工程
- 42 アレンジ i 箱ものグッズを活用する
- 43 アレンジ ii ワイヤーネットを活用する

中級

idea 5
45 サニタリー収納ボックスを作る
47 作業工程

idea 6
54 リビングまわりの収納
56 有孔ボードの壁収納の作業工程
58 ゴムのブックスタンドの作業工程

idea 7
61 キャスター付き収納棚を作る
63 作業工程

idea 8
70 飾り棚を作る
72 作業工程

idea 9
78 オープンラックを作る
80 作業工程

上級

idea 10
83 段違いテレビボードを作る
85 作業工程
90 おすすめの収納アイテム
ラブリコTVハンガー

idea 11
92 相欠き継ぎのシューズボックスを作る
94 作業工程

idea 12
101 キャビネット付き洗面台を作る
103 作業工程

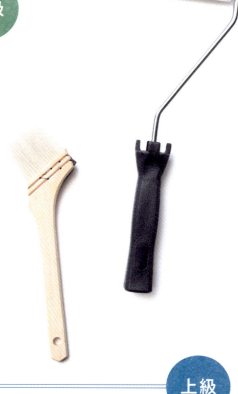

chapter 2
押し入れ収納を充実させる

<small>111</small>

- 112 押し入れは「収納」でこそ本領を発揮する
- 114 押し入れの構造をチェックする
- 115 内装の補強の仕方

idea 1
116 収納棚・ボックスを入れる

- 初級 — 117 市販のカラーボックスなどを使う
- 中級 — 118 家にある家具をリメイクする
- 上級 — 119 シンプルな収納棚を作る

idea 2
120 照明を取り入れる

- 初級 — 121 電池式・充電式のライトを使う
- 中級 — 122 押し入れの外の電源を使う

idea 3
123 収納棚を取り付ける

- 初級 — 124 一枚板の棚を取り付ける
- 中級 — 125 棚レールで可動式の棚を作る

idea 4
126 「掛ける」収納アイテムを使う

- 初級 — 127 フックやフックボードを活用する
- 中級 — 128 ワイヤーネットを活用する
- 上級 — 129 有孔ボードを取り付ける
- 130 押し入れの中段を取り外す

chapter 3

131 DIYの基本テクニックを身につける

- *132* technic 1 「のこぎり」をマスターする
- *136* technic 2 「塗装」をマスターする
- *144* technic 3 「採寸」をマスターする
- *146* technic 4 「ドリルドライバー」をマスターする
- *150* technic 5 「ダボ加工」をマスターする

- *158* appendix 揃えておきたいDIYアイテム

column

- *44* column 1 木取り図の描き方を覚える
- *52* column 2 すのこで作る便利な収納グッズ
- *110* column 3 木材を選ぶときのポイント
- *156* column 4 木材・DIY家具のメンテナンス

基本的なDIY用語をチェックしましょう

本書では、木工DIYの家具を中心にご紹介しています。
初めに基本的な用語をチェックしておきましょう。

木ネジ
木材同士を接合するなど、木工に用いる小ネジのこと。ネジ頭に十字などの溝があり、ドライバーで締めて使う。サイズや形にさまざまな種類がある。

ビス留め
ビス（木ネジなど）をドライバーやドリルドライバーなどで締めて材料に打ち込むことで、材料同士を接合すること。DIYの基本テクニックのひとつ。

下穴
ネジや釘を打つ際に、あらかじめ材料にあけておく小さな穴のこと。材料が割れるのを防ぎ、工具への負担を減らすことができる。

サンディング
ヤスリがけのこと。木工DIYでは、サンドペーパーで木材の表面を磨き、細かい傷を取り除きます。表面を滑らかにすると塗装もきれいに仕上がります。

木材の部位を指す名称
木目に対して直角にカットした面を「木口（こぐち）」、平行にカットした面を「木端（こば）」という。本書ではビス留めや塗装の工程などで登場するので確認を。

木端

木口

本書に掲載されている「目安予算」について

本書では、DIY家具の制作に必要な木材などの材料費を「目安予算」として記載しています。ホームセンターのカットサービスや木材の運搬費などは含みませんので、ご注意ください。また、木材の相場は常に変動しているため、現在の価格とは異なっている場合があります。目安の費用としてご参考ください。

chapter **1**

デッドスペースを DIY で変身させる

家の中のデッドスペースを生かすための DIY アイデアをご紹介します。
サイズやデザインは自分好みにアレンジして OK！
手作りの家具で自分だけの収納を楽しみましょう。

idea 1
りんご箱の収納ボックスを作る

素朴な味わいが楽しめるりんご箱は、便利な収納ボックスにもなります。
扉をつければ、目隠しができて見た目もすっきり。

Check!
端切れの革を使って簡単&手軽に蝶番が作れる

りんご箱と扉をつなぐ蝶番は、手芸用の革でこしらえました。端切れの革は、金属の蝶番よりもカラーバリエーションが豊富。優しい質感も木材にぴったりです。

必要な材料・道具
materials and tools

材料
目安予算 4,500円

1. りんご箱…1個
2. ベニヤ…1枚
3. 革（手芸用・A5サイズ程度）…1枚
4. 取っ手（木製・ネジ付き）…1個
   木ネジ

道具
ドリルドライバー
ドライバー
目打ち（またはキリ）
両面テープ
鉛筆
定規

Point

取っ手を取る場合はバールやくぎ抜きなどで

りんご箱には取っ手がついているものもあります。釘で数か所留めてあるだけのものがほとんどなので、取りたい場合はバールやくぎ抜きなどで取り外せばOKです。

扉の厚みに合わせてビスのサイズ選びを

革の蝶番を留めるときに使うビスは、扉用の板＋革の厚みより「短い」ものを選ぶのがポイントです。扉の裏側からビスの先端が飛び出していると危ないので、飛び出してしまったらニッパーなどで先端を切り落とし、ヤスリがけや接着剤で保護しましょう。

急いで外そうとして力を入れすぎると、板が割れることや傷がつくことがあるので、ゆっくりと外すようにしましょう。

Chapter 1 初級 デッドスペースをDIYで変身させる

作業工程

初めにやっておくこと

- りんご箱の表面が汚れている場合は、洗浄し乾かしておく。
- りんご箱の取っ手を取る場合は、バールなどで取り外す。

step 1　収納ボックスのデザインを考える

- 扉の横幅は、底面と同じ幅（取っ手を抜いた幅）に合わせてもOK。
- 塗料やワックスで仕上げれば、りんご箱と扉の色味を好みに合わせて変えられます。

step 2　りんご箱に扉を取り付ける

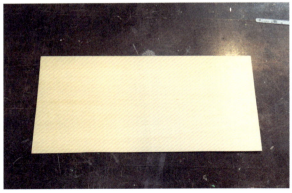

1 作りたいサイズに合わせて扉（ベニヤ）をカットします。ホームセンターのカットサービスを利用してもOK。

2 蝶番用の革に、定規と鉛筆で印をつけ、カッターで切り取ります。同じサイズのものを2つ作ります。＊作例では、3×4cmにカットしています。

idea 1　りんご箱の収納ボックスを作る

3　扉に蝶番をつける位置を決めて、半分くらい扉にかかるように革を両面テープで貼りつけます。もう1つの革も同様に。

4　目打ち（またはキリ）で、革の扉側に下穴をあけます。下穴が等間隔になるように、それぞれ3か所ずつあけます。

5　ビスを留めるための下穴ができました。

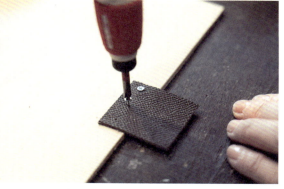

6　5の下穴の上から、ビス留めします。強い力を加えすぎるとネジ頭がつぶれてしまうことがあるので、小さなビスを留めるときは手動がおすすめ。

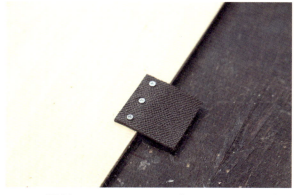

7　扉側にあけたすべての下穴（6か所）にビスを留めます。ビスをまっすぐ留めるためには、ドライバーを垂直に当てるのがコツです。

8　取っ手をつける位置を決めて、扉に鉛筆で印をつけます。

Chapter 1　初級　デッドスペースをDIYで変身させる

9 8で印をつけた場所に、ドリルドライバーでネジを通すための穴をあけます。ドリルビットは、取っ手用のネジの太さに合わせましょう。

― Point ―

ドリルドライバーで貫通穴をあけるときは、木材カットで出た端材や、重ねた本などを材料の下にしけば、ドリルビットが通る空間が作れます。穴をあけたい部分だけ机の外に逃がしてもOK。

10 扉の裏側から9の穴にネジを通し、取っ手を取り付けます。

11 表側から取っ手をくるくると回しながら、取り付けていきます。ネジは奥まで通し、取っ手は緩まないようにしっかり締めます。

12 扉をりんご箱にあてがい、蝶番を取り付ける位置を決めます。

13 蝶番の位置が決まったら、両面テープを貼り、りんご箱に仮留めします。

idea 1　りんご箱の収納ボックスを作る

- Point -

革を強く引っ張った状態で仮留めし、そのままビス留めしてしまうと扉が閉まりにくくなるので要注意です。扉をしっかり本体に密着させた状態で、扉側に少し余裕を持たせて仮留めしましょう。

仮留めした後は、横からも見てみましょう。扉が浮いていないか、上下左右がずれていないかチェックしてからビス留めします。

14 蝶番の仮留めした部分に、目打ち（またはキリ）で下穴をあけます。4と同様に、3か所ずつあけます。

15 14の下穴の上から、ビス留めしていきます。

16 完成です。扉の開け閉めがスムーズにできるか確認してみましょう。サンドペーパーをかけるとより丁寧な仕上がりに。

- Point -

この裏側に切り込みを

革に厚みがある、または硬い場合、反発する力が働いて扉が浮いてしまうことがあります。そんなときは、革の内側、本体と扉の境目部分にカッターで薄く切り込みを入れると閉まりやすくなります。

Chapter 1　初級　デッドスペースをDIYで変身させる

さまざまなアレンジを楽しめるのもりんご箱の魅力です。
いくつかの箱を組み合わせて自分好みにカスタマイズしてみましょう。

アレンジ ｜ 蝶番で可動式にする

材料・道具
りんご箱…2個
横長蝶番…2個
木ネジ

 作業時間 10分

 目安予算 3,500円

1 りんご箱2個を仮組みし、蝶番を取り付ける位置を決めます。位置が決まったら、動かないようにマスキングテープで留めておきましょう。

2 木ネジ穴に、ドリルドライバーでビス留めをします。無理な姿勢で作業せず、打ちやすいところから順に打ち込んでいきましょう。

3 完成です。

4 蝶番を生かし、動かして使うことができます。ペアをいくつか作って組み合わせるなど、好みに合わせて配置を考えてみましょう。

idea 2
ウォールシェルフを作る

ウォールシェルフは、耐荷重や取り付け場所などによってさまざまなデザインが楽しめます。
ここではDIY初心者でも簡単にできるアイデアをご紹介します。

必要な材料・道具 *materials and tools*

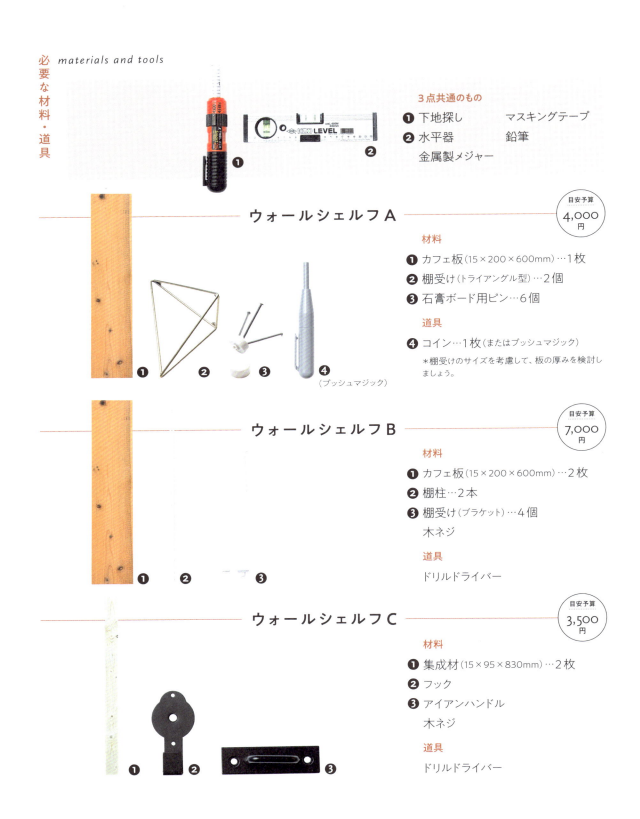

3点共通のもの
① 下地探し
② 水平器
金属製メジャー
マスキングテープ
鉛筆

ウォールシェルフA

目安予算 4,000円

材料
① カフェ板(15×200×600mm)…1枚
② 棚受け(トライアングル型)…2個
③ 石膏ボード用ピン…6個

道具
④ コイン…1枚(またはプッシュマジック)

＊棚受けのサイズを考慮して、板の厚みを検討しましょう。

④(プッシュマジック)

ウォールシェルフB

目安予算 7,000円

材料
① カフェ板(15×200×600mm)…2枚
② 棚柱…2本
③ 棚受け(ブラケット)…4個
木ネジ

道具
ドリルドライバー

ウォールシェルフC

目安予算 3,500円

材料
① 集成材(15×95×830mm)…2枚
② フック
③ アイアンハンドル
木ネジ

道具
ドリルドライバー

idea 2　ウォールシェルフを作る

下地探しで壁の間柱を探す

間柱とは、建物の壁裏に等間隔で配されている小柱のこと。外からは見えませんが、
「下地探し」で壁裏のどこに間柱があるのか探すことができます。
DIYで作った家具を室内の壁に取り付けるときは、
この間柱(木製)をネジやクギを打つための下地にしましょう。

＊間柱がない場合は、「石膏ボード用アンカー」を壁に埋め込み、上からビス留めします。

1 下地探し(針を刺すタイプ)を、ネジなどを打ちたい場所に押し込むように当てます。

2 針の刺さる深さを目盛りで確認します。壁下地の厚み分だけ刺さったら構造材のある場所、深く刺さったら構造材がない場所という目安になります。

Check!

針穴を残したくないならセンサータイプがおすすめ

間柱を探しあてるとライトが点灯するセンサータイプは、壁に針穴が残らないというメリットがあります。針を刺すタイプのセンサーで残る針穴は「壁穴補修材」で埋めることができますが、穴をあけたくない人にはセンサータイプがおすすめです。

Point

電気のスイッチやコンセントまわりは配線に気をつける

壁にネジやピンを打つとき、気をつけなければならないのが電気の配線です。一般的に電気のスイッチやコンセントのある場所の縦のラインは配線が通っていることが多いため、家具を取り付けるときはなるべく避けるようにしましょう。

Chapter 1　初級　デッドスペースをDIYで変身させる

ウォールシェルフA

作業工程

初めにやっておくこと

- 壁の素材が石膏ボードであることを確認する。
- 木材の重さを計り、石膏ボード用ピンの耐荷重を確認しておく。

＊作例は、全体で約5kgの耐荷重があります。耐荷重は石膏ボード用ピンの仕様を確認しましょう。

step 1 デザインスケッチを描く

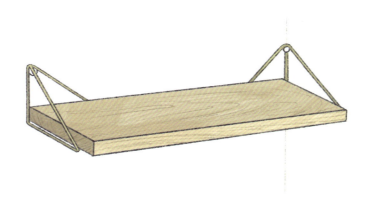

・普段の作業導線や使いやすさを考慮して、棚を取り付ける位置を決めましょう。

step 2 ウォールシェルフAを取り付ける

1 棚の取り付け位置を決めます。床やドア枠など、基準になる場所からメジャーで採寸し、棚板がくる位置の両端に鉛筆で印をつけます。

2 棚受けを取り付け位置に当て、棚受けの高さを確認しておきます。

idea 2 ウォールシェルフを作る

3 石膏ボード用ピンを刺す位置に印をつけます。印をつけた位置に構造材があるかどうか、下地探しで確認しましょう（P.21参照）。

4 石膏ボード用ピンを、棚受けのピン穴にセットします。

5 コインなどを使って、ピンを1本ずつ壁に刺していきます（プッシュマジックがあれば便利）。しっかり奥まで押し込みましょう。

6 ピンの上からキャップをはめ込みます。他の2つのピン穴にも同様にピンを刺してキャップをはめれば、1つ目の棚受けの取り付け完了です。

7 反対側の棚受けの位置を決めます。棚の中間あたりと、1で印をつけた位置の上に、1つ目の棚受けの頂点と同じ高さの印をつけます。

8 1つ目の棚受けの頂点から、7で印をつけた位置までマスキングテープを貼ります。マスキングテープの上辺または下辺に合わせます。

9 マスキングテープの上辺または下辺に合わせて水平器を当てます。水平でなければ、マスキングテープの位置を調整しましょう。

10 水平がとれたら、反対側の棚受けも頂点を基準にして取り付けていきます。

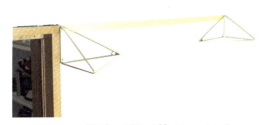 

11 2つの棚受けが取り付けられました。

12 マスキングテープをはがし、棚板をのせます。

13 完成です。

idea 2 ウォールシェルフを作る

ウォールシェルフB

作業工程

初めにやっておくこと

- 棚柱の高さを確認しておく。
- 下地探しで設置場所の間柱を探しておく。(P.21参照)
- 木材の重さを計り、棚柱と棚受けの耐荷重を確認しておく。

＊作例は、棚1段につき約10kgの耐荷重があります。耐荷重は棚受けの仕様を確認しましょう。

step 1 デザインスケッチを描く

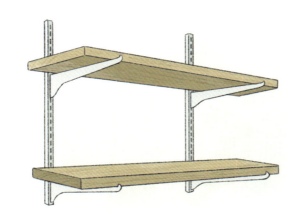

・取り付け場所に高さがあれば、棚柱の数を増やして延長し、棚の段数を増やして使うこともできます。

step 2 ウォールシェルフBを取り付ける

1 棚柱を取り付ける位置にアタリをつけておきます。棚板の幅を考慮して決めましょう。

2 棚柱の一番下の位置に合わせて、壁にマスキングテープを貼ります。

3 マスキングテープの上辺または下辺に合わせて水平器を当てます。水平になるように、マスキングテープの位置を調整しましょう。

4 棚柱の一番下のビス留め位置に鉛筆で印をつけ、メジャーでドア枠など基準になる場所からの横幅を採寸します。

5 棚柱の一番下のビス穴をドリルドライバーでビス留めします。

6 棚柱の上の方も、4で採寸した長さに合わせてそろえ、残りのビス穴にもビス留めをします。これで棚柱をまっすぐに取り付けられます。

7 反対側の棚柱も同様に、一番下からビス留めし、取り付けていきます。

8 棚柱が2本取り付けられました。

idea 2　ウォールシェルフを作る

9 棚板を置きたい位置に棚受けを取り付けます。穴から差し込み、ガチャンと奥までしっかりはめ込みましょう。

10 反対側も同じ高さになるよう棚受けを取り付け、棚板をのせます。

11 完成です。棚受けは簡単に取り外しができるので、自由に位置を変えることができます。

― *Point* ―

コスパと扱いやすさが◎のカフェ板

カフェ板とは、国産杉を使用した無垢材のこと。ホームセンターでも手に入りやすく、他の木材と比べて比較的安価な板材です。十分な厚みがあって、扱いやすい点も魅力。見た目も味わいがあるので、生活空間に溶け込みやすく、DIYでは棚板やテーブルの天板などに使用されることが多いです。店舗で直接見て選ぶときは、なるべく大きな節がないものを探すのがおすすめです。

ウォールシェルフC

作業工程

作業時間 **25** 分

初めにやっておくこと

- 必要であれば、板材を好みのサイズにカットしておく（AとBが同じ長さになるようにしましょう）。
- 使う板材のサイズと木ネジの数から、耐荷重を計算しておく。

＊作例は、全体で約2kgの耐荷重があります。

step 1 デザインスケッチを描く

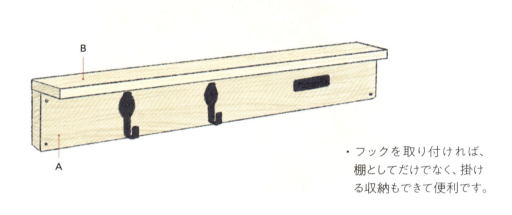

・フックを取り付ければ、棚としてだけでなく、掛ける収納もできて便利です。

step 2 ウォールシェルフCの組み立て・取り付けをする

1 2枚の板材をL字形に組み、A（下の板）の厚み分をB（上の板）に鉛筆で墨付けします。

2 1で墨付けした線に沿って、等間隔になるようにメジャーで採寸しながら、ビス留めする箇所（5か所）に印をつけていきます。

idea 2　ウォールシェルフを作る

3　2でつけた印の上から、ドリルドライバーで下穴（貫通穴）をあけていきます。

4　Bの下穴をあけた場所に両面テープを貼り、Aの側面に仮留めします。

5　Bの仮留めした裏側から、下穴にビス留めをしていきます。2枚の板が浮いたりずれたりしないよう、反対の手でしっかり押さえます。

6　上と下の板がビスで固定されました。

7　曲尺で直角を取りながら、壁に取り付けるためのビスの位置を決め、印をつけていきます（四隅に4か所）。

8　7でつけた印の上から、ドリルドライバーで下穴（貫通穴）をあけていきます。

9 下穴にビスを途中まで打ち込みます。反対側も同様に。

10 棚を取り付けたい位置に当て、上側のビスを片方だけ打ち込みます。

11 水平器を棚板にのせ、水平になるように位置を調整してから、他の3か所のビスも打ち込みます。

12 フックとアイアンハンドルを取り付ける位置を決めていきます。メジャーで測りながら、バランスのよい位置に印をつけます。

13 フックとアイアンハンドルをドリルドライバーでビス留めしていきます。

14 完成です。

idea 3
マグネットウォールを作る

家の中の壁や壁紙をマグネットボードに変えることができる「マグネット塗料」。
水性でにおいも少ないため、安心して使えます。

Check!

メモやカードなど
小さなものの収納に便利

マグネット塗料は、基本的にメモやカードなどの紙類など、小さなものの収納に向いています。塗り重ねる回数によって磁力が変わるため、商品の仕様を確認してから使いましょう。

必要な材料・道具

materials and tools

目安予算 **9,000円**

材料
❶ マグネット塗料（500ml〜1L缶）
❷ 下地材（プライマー）

道具
❸ ローラーバケ
❹ マスカー（または養生シート）
❺ サンドペーパー
　汚れてもよい布
　プラスチック容器
　攪拌棒（ゴムベラなど）
　マスキングテープ
　金属製メジャー

Point

プラスチック容器に移す前に
塗料をよく攪拌しましょう

マグネット塗料に限らず、塗料はよくかき混ぜてから使いましょう。特にマグネット塗料は重くダマになりやすいため、しっかり底まで混ぜることが大切。必要であれば、プラスチック容器に使う量を移した後、水を足しましょう。＊油性塗料の場合は、専用の溶液を使用します（P.139参照）。

マスカーなどで床や壁の保護を

塗装中は塗料がはねたり、こぼれたりすることがあります。塗装しない場所が汚れないように、あらかじめマスカー（または養生シート）とマスキングテープで保護しておきましょう。

idea 3　マグネットウォールを作る

作業工程

作業時間
30
分
＊塗料を乾燥させる時間を除く

初めにやっておくこと
- 塗装する範囲を決め、塗料の量を確認しておく。
- 中性洗剤やアルコールを含ませた布で、塗装する下地の汚れをふき取り、サンドペーパーで表面を滑らかに整える。

step 1　デザインスケッチを描く

・キッチン脇の扉に、横幅いっぱい塗装します。
・3度重ね塗りをして乾燥させます。

step 2　マグネット塗料を塗る

1 塗装する範囲（上辺と下辺の位置）を決めていきます。それぞれ両端と中央に同じ高さの印をつけておきます。

2 1で印をつけた位置を基準に、上辺と下辺にマスキングテープを貼ります。空気が入らないようにぴったり貼りましょう。

3 下辺のマスキングの下からマスカーを貼り、塗料で汚れないように保護しておきます。

4 塗料の液だれなどから保護するため、床にもマスカーをしいておきましょう。

5 塗装する範囲に、塗料を下地に密着させるための下地材（プライマー）を塗布しておきます。

6 プライマーが乾くのを待つ間に塗料の準備をします。丸缶の場合は、マイナスドライバーや缶オープナーを使い、てこの力で押し開けます。

7 ゴムベラなどで塗料をよくかき混ぜておきます。ダマがなくなるまで、しっかり混ぜましょう。

8 塗料を使う分だけプラスチック容器に移します。容器にビニール袋をかけておくと、後片付けが楽になります。

idea 3　マグネットウォールを作る

9　塗料をローラーバケに含ませ、下地に塗装していきます。Wの字を描くように塗り進めていきましょう。

10　ハケを少しずつ往復させながら、ムラができないように塗っていきます。

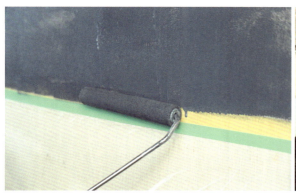

11　塗り残しがないように、マスキングテープの際にも丁寧に塗りましょう。しばらく置いて乾燥させた後、重ね塗りをしていきます。

12　2度重ね塗りをしたら、半乾きのうちにマスキングテープをゆっくりはがします。

13　完全に乾いたら完成です。

アレンジ｜フォトフレームの小物収納

材料・道具
フォトフレーム（裏板が木製のもの）…1個
マグネット塗料（500ml缶）…1個
水性塗料（イエロー）
下地材（プライマー）
マスカー（または新聞紙）
スジカイバケ
プラスチック容器
汚れてもよい布

作業時間 15分

目安予算 7,000円

＊塗料を乾燥させる時間を除く

1 作業台にマスカーをしいておきます。フォトフレームから裏板を外し、下地材を塗布します。

2 下地材が乾いたら、マグネット塗料をハケで全体に塗ります。ムラができないように気をつけましょう。そのまま完全に乾燥させます。

3 プラスチック容器に水性塗料を使う分だけ入れます。必要であれば、少し水を加えて溶いておきます。

4 水性塗料をハケにとり、上から塗っていきます。分厚く塗りすぎないように注意しましょう。

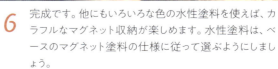

5 しばらく置いておき、完全に乾燥したらフレームにはめ込みます。ガラス部分は必要ないので外しておきます。

6 完成です。他にもいろいろな色の水性塗料を使えば、カラフルなマグネット収納が楽しめます。水性塗料は、ベースのマグネット塗料の仕様に従って選ぶようにしましょう。

idea 4
吊るす・突っ張る収納術

デッドスペースは、天井まわりや家具の上などさまざまなところに隠れています。
うまく活用するための「吊るす」「突っ張る」収納術をご紹介します。

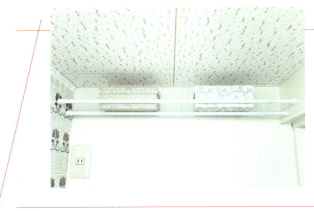

Check!

空間を生かしたかゆい ところに手が届く収納に

トイレまわりなどのちょっとした空間を十分生かせていないと感じている人には、「吊るす」「突っ張る」収納がおすすめ。小さなスペースでも簡単に収納することができます。

必要な材料・道具

materials and tools

― 吊るす収納 ―

目安予算 **300円**

❶ 吊り金具…1個
ドライバー

― 突っ張り収納棚 ―

目安予算 **3,600円**

材料
❶ 集成材（300×910×15mm）…1枚
❷ 突っ張り棒（70-120cm）…2本
❸ モール材…1本
❹ 水性塗料（200ml・グレー）

道具
スジカイバケ
木ネジ
水平器
プラスチック容器
マスカー（または養生シート）

Point

フックや突っ張り棒は 耐荷重を考慮して使用を

フックや突っ張り棒には、それぞれ耐荷重（のせることができる物の重さ）がメーカーによって定められています。使う前に仕様を確認しておきましょう。

「使いやすさが第一」 賢い収納を目指しましょう

収納は毎日の生活の中で役立つものでなければ意味がありません。収納・掃除のしやすさを意識して、生活導線の邪魔にならない賢い収納を心掛けましょう。

idea 4　吊るす・突っ張る収納術

吊るす収納

作業工程

作業時間 **3** 分

初めにやっておくこと
- フックの取り付け場所を決めておく。

1 フックのネジ部分を取り付けたい位置に、刺し込みます。

2 長押や鴨居など、ネジを刺し込みやすい、木でできた建材を使うのがおすすめです。

3 手で回しながらある程度まで刺し込みます。固くて回しにくいときは、ドライバーを使うとてこの力で回すことができます。ドライバーの持ち手側に溝が付いている場合も活用できます。

4 フックのネジ部分を奥まで刺し込めたら完成です。

突っ張り収納棚

作業工程

作業時間
15
分

＊塗料を乾燥させる時間を除く

初めにやっておくこと

● モール材を板材の長さに合わせてのこぎりなどでカットしておく。

1 棚を取り付けたい場所に、突っ張り棒2本を設置します。用意した棚板の幅に合うように間隔を調整します。

2 水平器をのせ、水平になるように突っ張り棒の両端の高さを調整します。

3 棚板の側面に両面テープを貼り付けます。

4 3の上からモール材をかぶせ、仮留めしておきます。

idea 4 　吊るす・突っ張る収納術

5　モール材の中央あたりに、ドリルドライバーでビス留めします。ビス頭が目立たないように、なるべく細いビスを使うのがおすすめ。

6　作業台にマスカーをしき、塗装時の土台にするものを準備します。ここでは、プラスチックカップを2個使いました。

7　土台の上に棚板をのせ、水性塗料をハケで塗っていきます。

8　モール材には装飾があるため、塗り残しがないように向きを変えながら丁寧に塗っていきます。

9　しばらく置いて完全に乾燥させたら、突っ張り棒の上にのせます。

10　突っ張り棒の位置を微調整したら完成です。モールが突っ張り棒を隠してくれるので、見た目もすっきりさせることができました。

Chapter 1 　初級　デッドスペースをDIYで変身させる

突っ張り棒と100均で手に入る収納グッズなどを組み合わせれば、さまざまな場所で手軽に収納を始めることができます。

アレンジ i ｜ 箱ものグッズを活用する

材料・道具
突っ張り棒…2本
(作例上) ハンギングラック…1個
(作例下) 収納ボックス…2個

作業時間 3分

目安予算 300〜500円

突っ張り棒×ハンギングラック

100均などで購入できるハンギングラックを使って、掛ける収納に。取り付け場所の幅を採寸し、必要な突っ張り棒のサイズを確認しましょう。外から見えるネットタイプのラックもあります。

突っ張り棒×収納ボックス

収納ボックスが壁にぴったりつくようにし、手前の面を突っ張り棒で挟み、底面をもう1本の突っ張り棒で土台になるように支え、固定しています。好みで収納ボックスの数を増やしても。

＊突っ張り棒は使用場所や耐荷重などの仕様を確認のうえ、サイズを選びましょう。

アレンジ ii ｜ ワイヤーネットを活用する

材料・道具
突っ張り棒…2本
ワイヤーネット…1個
結束バンド…4～6個

作業時間 10分　目安予算 300円

結束バンドを四隅に固定

突っ張り棒×ワイヤーネット

突っ張り棒2本を取り付け、ワイヤーネットを上にのせ、結束バンドで留めて棚板にしています。作例はキッチンのシンク下ですが、押し入れでも活用できます。

Check!

突っ張り棒は規定を守り、水平に

突っ張り棒にはさまざまなサイズがあり、取り付け場所の幅に応じて選ぶことができます。取り付けるときのポイントは、強度を最大まで引き出すために「規定の長さ以上に伸ばさない」「水平に取り付ける」です。水平かどうかを確認するために、水平器を使うのもおすすめです。また、自然に軸が回って緩まないように固定するアイテムを使うと、使用中の落下も防ぎやすくなります。

column 1

木取り図の描き方を覚える

木取り図とは、DIYに使う材料を一つの木材から効率よく切り出すために作る図面のこと。材料を購入する前に木取り図を作っておくと、どのサイズの木材がいくつ必要なのかが分かり、無駄な端材を出さずに済みます。また、実際に切り出す際にもカットする作業の順番が明確になり、より作業効率をアップさせることができます。木取り図に必要な要素をおさえ、描き方を覚えておきましょう。

木取り図の作例　段違いテレビボード (P.83)

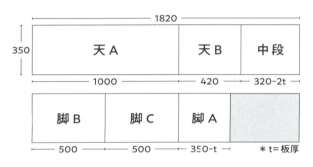

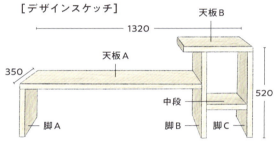
[デザインスケッチ]

準備すること

デザインスケッチに、必要な木材の寸法と厚みを書き入れ、それぞれの材料（パーツ）のサイズを明確にする。

基本の描き方

1. デザインスケッチを見ながら、必要な材料（パーツ）とそのサイズをすべて書き出し、リストにしておく。2種類以上の木材を使う場合は、割りあてる木材も確認しておく。

2. 書き出した材料を確認し、購入する木材のサイズにアタリをつけたうえで、各材料の寸法をミリ単位で書き込んでいく。

Point 1
カットするときに、のこぎりの厚み分（2～3mm程度）の「切りしろ」ができるので考慮しておきましょう。

Point 2
なるべく無駄な端材が出ないように、それぞれの木材に割り当てます。

カットサービスの利用時にも必要です

ホームセンターでは、木材の購入時にその場で材料の切り出しを注文する「カットサービス」を利用することができます。注文する際には、木取り図を見せて切り出してほしい材料の寸法を正確に伝えましょう。事前に寸法を確認しておくと、注文ミスも防げます。

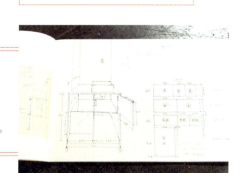

idea 5
サニタリー収納ボックスを作る

トイレや洗面所などの小さな隙間空間を生かせる、スマートな収納ボックスをご紹介します。スペースに合わせたぴったりの収納に挑戦してみましょう。

Chapter 1 中級 デッドスペースをDIYで変身させる

Check!

棚板は好みで段数を変えられる可動タイプに

棚板は段数と位置を好みに合わせて変えられる可動タイプ。棚受けの上に板をのせるだけなので、簡単に抜きさしができます。棚受けの数も自由にデザインしてみましょう。

必要な材料・道具

materials and tools

目安予算 5,000円

材料

❶ ランバーコア
　天板・底板：200×200mm…各1枚
　棚板：200×200（板厚2枚分を引く）mm…2枚
　側板：860×200mm…2枚

❷ 角材（200mm）…4本

❸ 水性塗料（200ml・グレー）

　木ネジ

道具

ドリルドライバー	両面テープ
スジカイバケ	金属製メジャー
プラスチック容器	鉛筆
攪拌棒（ゴムベラなど）	

❶　❷　❸

Point

採寸は細かく正確に メジャーを使いこなしましょう

狭い場所でも小回りの利くメジャーは、デッドスペースの採寸でも活躍します。正しい使い方をチェックしておきましょう（P.145参照）。また、テープの先についているツメが曲がってしまったり、テープに癖がついてしまったりすると正確に採寸できなくなるので、大切に扱いましょう。

木材選びも大切な工程です

木材の厚みが足りないと、うっかり重量のあるものを載せたときに倒れてしまいます。なるべく作りたいサイズと用途に合わせて、木材を選びましょう。好みや価格も吟味しつつ、安全な設計を心掛けて。

idea 5　サニタリー収納ボックスを作る

作業工程

作業時間 **40** 分

＊塗料を乾燥させる時間を除く

初めにやっておくこと

● 設置場所の広さ（横幅、高さ、奥行き）をメジャーで細かく採寸しておく。

step 1　デザインスケッチを描く

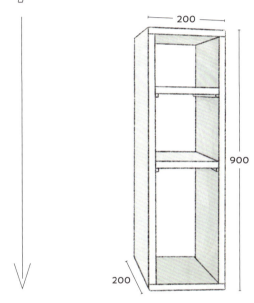

- 全体のサイズは、デッドスペースの広さに収まるぎりぎりのサイズではなく、少し余裕を持たせるように計算しましょう。
- 水回りに設置する場合、塗装は必須です。ペンキやオイル、ワックスなどで木材を保護することができます。

step 2　サニタリー収納ボックスを制作する

[木取り図] ＊木取り図の描き方は、P.44を参照してください。

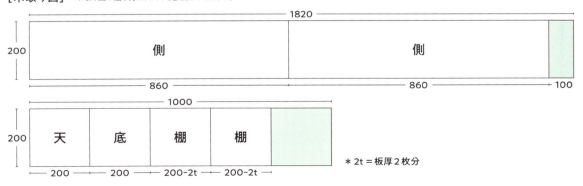

＊2t＝板厚2枚分

Chapter 1　中級　デッドスペースをDIYで変身させる

1　板材を側板・天板・底板・棚板のサイズにカットし、角材も必要な長さを準備します。ホームセンターのカットサービスを利用してもOK。

2　板材を仮組みし、棚板を入れる位置を決めていきます。

3　棚板の下の位置に角材（棚受け）を置き、小さく切った両面テープで側板に仮留めします。

4　2枚の側板の両端をそろえて並べ、角材の位置のずれなどがあれば修正します。

5　角材の両端に1か所ずつ、ドリルドライバーで下穴をあけていきます（角材は貫通させ、側板の1/3くらいの深さまで）。

6　角材を側板にビス留めしていきます。4本すべての角材を同様にします。

idea 5　サニタリー収納ボックスを作る

7 棚受けが4本、側板に取り付けられました。

8 天板と底板をL字形に重ね、鉛筆で板の厚み分を墨付けします。側板と背板側の3辺に同様に墨付けをします(天板と底板両方行う)。

9 8で墨付けした線をたよりに、ビス留めする位置を決め、印をつけていきます。1辺に3か所ずつバランスよく配置します。

10 9の印の上から、ドリルドライバーで下穴(貫通穴)をあけていきます。

11 天板・底板の両方とも、側板側の下穴をあけた場所に両面テープを貼っておきます。

12 天板の両面テープで、側板を片方だけ仮留めします。

13 10であけた下穴の上から、ビス留めしていきます。

14 反対側の側板も同様に、両面テープで仮留めしてからビス留めをします。側板がたわまないように、棚板を1枚かませておきましょう。

15 底板も同様に、両面テープで側板2枚を仮留めし、下穴の上からビス留めしていきます。

16 収納ボックスの本体が完成しました。

17 棚板がスムーズに差し込めるか確認しておきます。つっかえたりするようなら、サンドペーパーでサンディングするなど、調整しましょう。

18 水性塗料を使う分だけプラスチック容器に移します。

idea 5 　サニタリー収納ボックスを作る

19 スジカイバケで外側から片面ずつ塗料を塗っていきます。

20 内側も棚受けまわりなどの塗り残しがないように、塗っていきます。

21 しばらく置いて塗料が完全に乾いたら、デッドスペースに収納ボックスを設置します。

22 完成です。小さな隙間のスペースにぴったりの収納ボックスが設置できました。

トイレのレバーを回すときに邪魔にならないよう、天板とレバーの間隔が少し空くように設計しています。

― Point ―

ビス留めに無理は禁物！

細い角材へのビス留めは難しく、木やドリルビットが折れてしまうことも。そんなときは無理に打ち込もうとせず、接着剤で貼りつけましょう。

column 2

すのこで作る便利な収納グッズ

ホームセンターなどで比較的安価に手に入るすのこは、DIYでも活躍します。加工も簡単で、さまざまなシチュエーションで使えるので、収納の幅も広がります。通気性がよく、防虫・防腐性にも優れているため、特に水回りに活用するのがおすすめ。ちょっとの工夫で、普段の掃除や片付けなどの作業をラクにする便利グッズに生まれ変わります。ここでは、DIY初心者でも挑戦しやすい、キッチンで使える「すのこ収納グッズ」をご紹介します。ぜひ、チャレンジしてみてください。

Point
普段使いの調理道具をすっきり収納！

おたまやしゃもじ、菜箸などのごちゃごちゃしがちな調理道具を場所をとらずにすっきり収納。水切りもできるので、洗ったらそのまま立てられます。

Point
濡れた布巾類をさっとかけて乾かすのにも

折り畳み式の作業台は、立てれば布巾掛けに。すのこは通気性がいいので、水気を切るのに便利です。サイズも自分好みに調整できます。

Point
シンク上の空間も実はデッドスペースだった!?

シンクの上もすのこを置けば作業台になります。折り畳み式なら使わないときは立てておけばOK。キッチンの空間を有効活用できます。

キッチンツールスタンドの作り方

おたまや菜箸などの長物の調理道具を収納できるキッチンツールスタンド。仕切りをつければ、道具同士が絡まることもありません。

材料・道具
すのこ…1枚
端材
（すのこのゲタ余りなど）
木ネジ
両面テープ（防水タイプ）
接着剤
のこぎり（または木工カッター）
ドリルドライバー
サンドペーパー

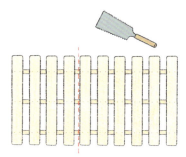

1 すのこを3（作りたいサイズ）：2くらいになるように、のこぎりでカットする。

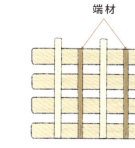

2 小さい方のすのこの裏側に、ゲタと同じ厚さの端材などを接着剤でつけ、仕切りにする。

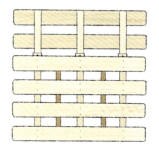

3 大きい方のすのこに小さいすのこを重ね、端をそろえてゲタ同士をビス留めする。

折り畳み式 キッチン作業台の作り方

シンクの上などに広げて使える作業台です。すのこを2個の蝶番でつなぐだけのシンプルなデザイン。畳んでも広げても便利な2WAY仕様です。

材料・道具
すのこ…1枚
＊2枚使用して、1と2の工程をカットしてもOK。
平蝶番…2個
木ネジ
のこぎり（または木工カッター）
ドリルドライバー
サンドペーパー

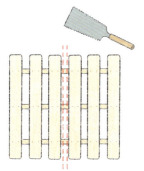

1 すのこ1枚を半分になるように、のこぎりでカットする。ゲタがはみ出さないように切り落とす。

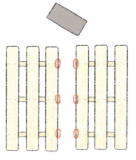

2 切り落とした断面をサンドペーパーで削って整える。

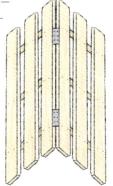

3 2のゲタの断面に蝶番を2個ドリルドライバーでビス留めする。

column　すのこで作る便利な収納グッズ

idea 6
リビングまわりの収納

「壁掛け収納」は文房具やキッチンツール、アクセサリーなど、小物の収納におすすめです。
物が増えがちなリビングで、すっきりと見せる収納に挑戦しましょう。

Check!
壁掛け収納と"目隠し"にも 有孔ボードで一石二鳥

フックを引っ掛けるだけで手軽に壁掛け収納ができる有孔ボード。収納以外にも部屋の仕切りや目隠しとして活用できるので、リビングなどの広い空間におすすめです。

必要な材料・道具

materials and tools

有孔ボードの壁収納

目安予算 10,000円

材料
1. 有孔ボード(600×900mm)…1枚
2. 2×4アジャスター ラブリコ…2個
3. SPF／2×4(38×89mm)材…2本
   *材の長さは、設置場所の高さを測ったうえでアジャスターの仕様に沿って算出する。
   木ネジ

道具
ドリルドライバー
金属製メジャー
マスキングテープ

ゴムのブックスタンド

目安予算 2,000円

材料
1. 集成材(18×45×30mm)…1枚
2. ヒラゴム…1本
3. ガンタッカー
   木ネジ

道具
ドリルドライバー
金属製メジャー
曲尺
鉛筆

Chapter 1　中級　デッドスペースをDIYで変身させる

有孔ボードの壁収納

作業工程

作業時間 **20** 分

初めにやっておくこと

- 設置場所が柱を固定できる平らな場所かどうか確認しておく。
  ＊畳の上などは設置できません。
- 設置場所の床から天井までの高さをメジャーで採寸する。

step 1 デザインスケッチを描く

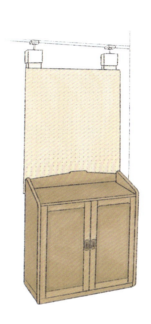

- 有孔ボードにはさまざまなサイズがあります。設置場所に合わせてカットするなど、使いやすいサイズを考えましょう。
- キャビネットの上に有孔ボードを取り付けて、奥のキッチンの目隠しに。

step 2 有孔ボードを取り付ける

1 「2×4アジャスター ラブリコ」の仕様に従い、ノコギリでSPF材を必要な長さにカットします。

2 アジャスターをSPF材の両端に取り付けます。

idea 6 　リビングまわりの収納

3 　設置場所に柱を立て、アジャスターの調節ネジを回して、しっかり固定します。

4 　反対側の柱も同様に設置していきます。十分にテンションをかけておきます。

5 　柱の取り付けができました。手で押しても柱が動かないか確認しましょう。

6 　有孔ボードを柱に取り付けていきます。ボードの穴を利用して、上からドリルドライバーでビス留めします。

7 　ビスは左右3か所ずつ、バランスのよい位置に留めましょう。

8 　完成です。有孔ボードで奥のキッチンとの仕切りができました。

ゴムのブックスタンド

作業工程

初めにやっておくこと
- 片づけたい本のサイズを確認しておく。

step 1 デザインスケッチを描く

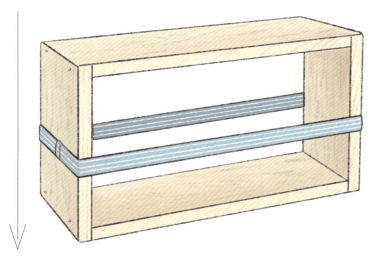

- 作例は、天板・底板：各13×120×304mm、側板：各13×120×200mmのサイズで制作しています。
- ヒラゴムは、手芸用のリボンや紐などでも代用できます。
- 真ん中よりも少し下にゴムを留めると、本の出し入れがしやすくなります。
- 背板をつける場合は、正面だけゴムを取り付けてもOK。

step 2 ブックスタンドを組み立てる

1 板材(天板・底板・側板)を必要なサイズにカットしておきます。枠を作るように組んで、ビス留めしていきます。

2 側板に天板(または底板)をL字形になるように重ね、鉛筆で板の厚み分墨付けをします。両端(天板・底板側)に墨付けしておきます。

idea 6　リビングまわりの収納

3　2で墨付けした線をたよりに、天板・底板をビス留めする位置にそれぞれ印をつけていきます。両端に2か所ずつ入れましょう。

4　3で印をつけた上から、ドリルドライバーで下穴(貫通穴)をあけていきます。

5　下穴をあけた場所に両面テープを貼ります。

6　天板(または底板)に側板1枚を両面テープで仮留めし、下穴の上からビス留めします。

7　6に側板、天板(または底板)を両面テープで仮留めし、同様にビス留めしていきます。

8　ブックスタンドの木枠ができました。ヒラゴムを取り付けていきます。

Chapter 1　中級　デッドスペースをDIYで変身させる

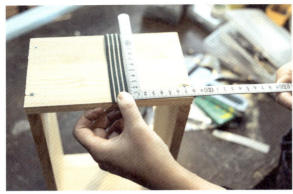

9 曲尺で直角を取りながら側板にヒラゴムの片端を当て、取り付ける位置を決めます。

10 ヒラゴムを木枠に1周ぐるりと回し、少しテンションをかけます。ゴムのもう一方の端が長く余るようならカットしておきます。

11 ガンタッカーでヒラゴムを木枠に留めます。ぐらつかないように、安定した作業台の上で行いましょう。

12 側板の中央と両端で3か所ほど留めましょう。ゴムがずれないように、反対側の側板でも2〜3か所留めておきます。

― Point ―

ガンタッカーを使うときは、安定した位置・姿勢を意識しましょう。針を打つときに接する面積が小さいと不安定になるので、木材や自分の立ち位置を変えるのが失敗しないためのコツです。

13 完成です。文庫本がちょうど収まるサイズにできました。

idea 7
キャスター付き収納棚を作る

書斎や寝室、リビングなど、さまざまな場面での収納に役立つキャスター付き収納棚。
基本の形を覚えて、自分好みに設計してみましょう。

Check!

「キャスター付き」で移動と掃除をラクに

キャスター付きの家具は本や雑誌など重いものの収納に向いています。小回りが利き移動しやすいので、普段の掃除も楽々。キャスターはストッパー付きタイプなどもあります。

必要な材料・道具

materials and tools

目安予算 12,000円

材料

❶ 集成材[本体]
　天板・底板：320×330mm…各1枚
　側板：500×320mm…2枚

❷ ホワイトパイン[引き出し]
　前板・先板：120×290mm…各2枚
　側板：120×320（板厚2枚分を引く）mm…4枚

❸ ベニヤ[引き出し]
　底板：290×320mm…2枚

❹ 角材（320mm）…4本

❺ キャスター…4個

　木ネジ

道具

ドリルドライバー　　サンドペーパー
金属製メジャー　　　鉛筆
曲尺　　　　　　　　蝋ワックス

Point

最後の仕上げにサンディングも忘れずに

木材の状態が悪く表面がざらついていると、手や洋服が引っ掛かってしまい、使い心地もよくありません。本体が組み上がったら、全体にサンドペーパーをかけておきましょう。特によく触れる引き出しや、木材の木端・角の部分は丁寧に。塗装する場合は、塗装前に行いましょう。

耐荷重の確認を忘れずに

キャスターにはたくさんの種類がありますが、選ぶための基本のポイントは「耐荷重」です。どれだけのサイズ・重さの木材を使うのか、どんなものを収納したいのかなど、事前に確認しましょう。

idea 7　キャスター付き収納棚を作る

作業工程

作業時間 **45**分

初めにやっておくこと
● 板材の重さを計り、キャスターの耐荷重を確認しておく。

step 1　デザインスケッチを描く

・底板と下段の引き出しの間に空間を作って、収納できるようにしました。
・引き出しに取っ手をつけないので、引き出しの上に手を入れられる空間を作っています。
・ビスが目立たないようにしたい場合は、ダボ穴加工がおすすめ(P.151参照)。

step 2　キャスター付き収納棚を組み立てる

[木取り図]　*木取り図の描き方は、P.44を参照してください。

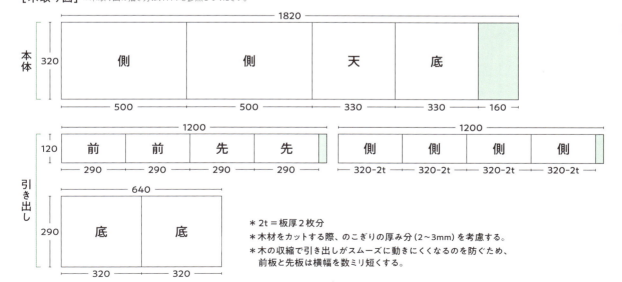

* 2t ＝ 板厚2枚分
* 木材をカットする際、のこぎりの厚み分(2〜3mm)を考慮する。
* 木の収縮で引き出しがスムーズに動きにくくなるのを防ぐため、前板と先板は横幅を数ミリ短くする。

1 棚受け(引き出し)の位置を決めていきます。曲尺で直角を取りながら採寸し、側板に取り付ける位置に鉛筆で印をつけます。

2 角材(棚受け)に両面テープを貼り、側板の取り付け位置に仮留めします。

3 2段目の棚受けも同様に、両面テープで仮留めしておきます。

4 棚受けを側板にビス留めしていきます。ビス留めする位置(棚受けの両端に1か所ずつ)に印をつけておきましょう。反対側の側板も同様に。

5 4で印をつけた上から、ドリルドライバーで下穴をあけていきます。棚受けが割れるのを防ぐため、棚受け部分は貫通させます。

6 下穴の上からビス留めしていきます。側板2枚(棚受け4本)、すべてビス留めします。

idea 7　キャスター付き収納棚を作る

7　底板を側板にビス留めしていきます。

8　底板は、側板をビス留めする場所に両面テープを貼っておきます。

9　8を裏返し、側板をビス留めする箇所（片側3か所ずつ）に印をつけていきます。

10　9の印の上から、下穴（貫通穴）をあけていきます。ここまで天板も同様にします。

11　底板の下穴の上から、ビスを1/3くらいまで打ち込んでいきます。

12　底板の6か所すべて、同様にしておきます。

13 底板を片方の側板に両面テープで仮留めし、ビスを最後まで打ち込みます。

14 反対側も同様に、両面テープで仮留めしてからビスで留めていきます。

15 ビスを打っている間に、位置がずれて木が歪まないように、反対の手でしっかり押さえながら行いましょう。

16 天板も取り付けていきます。10であけた下穴の上からビス留めをしていきます。

17 本体（天板・底板・側板・棚受け）が組み上がりました。次は引き出しを組み立てます。

18 前板・先板にそれぞれ側板をビス留めする位置を決めます。後からつける底板のビスとかち合わないように、少し端から離しておきましょう。

idea 7　キャスター付き収納棚を作る

19 印をつけた上から、下穴（貫通穴）をあけていきます。4枚とも同様にします。

20 下穴の上からビスを1/3くらいまで打ち込んでおきます。

21 下穴をあけた箇所すべてに両面テープを貼ります。

22 前板（または先板）に側板を両面テープで仮留めし、ビスを最後まで打ち込みます。

23 先板（または前板）も同様に、側板にビス留めします。もう一方の引き出しも同様に。

24 23でできた木枠の上に底板を重ね、下穴をあけ、ビス留めします。底板は薄いので、割ってしまわないように下穴あけはキリでもOK。

Chapter 1　中級　デッドスペースをDIYで変身させる

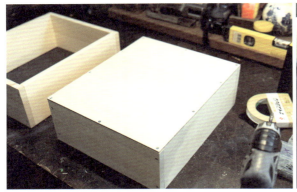

25 前板・側板・先板側に、バランスよく10か所ビス留めしたら引き出しの完成です。もう一方の木枠にも、同様に底板を取り付けます。

26 完成した引き出しを本体に入れてみましょう。きちんとはまるか確認しておきます。

27 本体の底板を上にし、キャスターを取り付けていきます。必要であれば、両面テープで仮留めしておきます。

28 曲尺で直角を取りながら、キャスターの位置を決めます。底板のビスとぶつからず、車輪が底板からはみ出さない位置にしましょう。

29 キャスターの取り付け穴の上から、下穴をあけ、ビス留めしていきます。

30 キャスター4個の取り付けができました。

idea 7　キャスター付き収納棚を作る

31　仕上げに全体にサンドペーパーをかけておきます。ざらついた箇所がなくなるように、丁寧にかけましょう。＊ハンドサンダーがあると便利。

32　完成です。

― Point ―

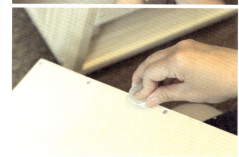

引き出しと棚受けの接する面に、それぞれ蝋を塗っておくと滑りがよくなります。また、引き出しの底板のビスは、ビス頭が少し埋まるくらい深めに打っておくと、引き出しの出し入れの際に引っ掛かりにくくなります。

ワークデスクの脇に置くと、物の出し入れに便利。デスクの下に入れてもすっきり収納できます。

idea 8
飾り棚を作る

本類や小物など、好きなものを並べて「見せる収納」が楽しめる飾り棚。
木目が美しい板材を使用しました。中段の丸い穴はデザインのアクセントに。

Check!

木材や飾り脚など見た目にもこだわりを

飾り棚の一番の目的は、「見せる収納」です。ただ棚板を組むだけではなく、置く場所の雰囲気に合わせて板材の種類を選び、飾り脚の装飾にもぜひこだわってみてください。

必要な材料・道具

materials and tools

❶ ❷ ❸

目安予算 15,000円

材料

❶ 集成材
　棚板：300×1500mm…3枚
　棚柱：320×300mm…3枚

❷ 棚柱（取り付け金具・ネジ付き）…2本

❸ 飾り脚（取り付け金具付き）…4本

　木ネジ

道具

六角レンチ　　　　曲尺
ドリルドライバー　金属製メジャー
両面テープ　　　　鉛筆
マスキングテープ

Point

棚柱の位置は全体を見てバランスよく

3枚の棚板を支える棚柱の位置決めは、制作工程の中でももっとも重要なポイントです。棚柱にかかる負担を減らし、飾り棚全体の強度を高めるには、バランスのよい配置を基本として考えましょう。

下段から順に組み上げていくのがコツ

段数のある棚などの家具を作るときは、一番下の段から順に組み立てていきます。最終的にズレが起こりにくくなるので、棚板の段数を重ねてもうまくまとめることができます。

Chapter 1　中級　デッドスペースをDIYで変身させる

作業工程

作業時間 **50** 分

初めにやっておくこと
- 置きたい場所に適した板材、飾り脚を選ぶ。
- 広い作業スペースを確保しておく(または設置場所で作業する)。

step 1　デザインスケッチを描く

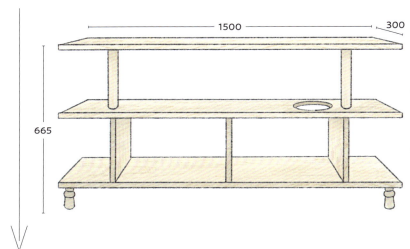

- 飾り脚は、短めのタイプのものが安定するのでおすすめ。
- 2段目の穴は、棚柱の取り付けの邪魔にならない位置に設計しましょう。

step 2　飾り棚を組み立てる

[木取り図] *木取り図の描き方は、P.44を参照してください。

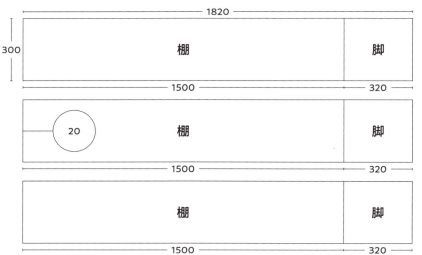

2段目の穴の部分は、ジグソー(電動の糸のこ)でカットすることができます。また、ホームセンターのカットサービスでも依頼することができます。

idea 8　飾り棚を作る

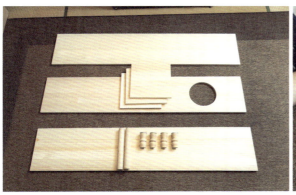

1　板材を棚板・棚柱（1段目）のサイズにカットしておきます（デザインの穴もジグソーでカット）。

2　棚柱を取り付ける位置を決めていきます。2段目と3段目の棚板をぴったりそろえ、テープで両端を固定します。

3　2の下に端材をしき、棚柱を取り付ける位置（中心）にドリルドライバーで下穴（貫通穴）をあけていきます。

4　反対側にも同様に、下穴（貫通穴）をあけていきます。

5　下穴が中心にくるように、棚柱の取り付け金具をそれぞれ置き、取り付け穴の上から下穴をあけ、ビス留めをします。

6　1段目の棚板も、棚柱を取り付ける位置に墨付けをしていきます。曲尺とメジャーで採寸しながら、鉛筆で線を引きます。

- Point -

3枚の棚柱がバランスのよい配置になるように横幅を採寸しましょう。メジャーはなるべく端の方で伸ばすと、まっすぐに採寸できます。

7 2段目の棚柱のビス留めの位置とぶつからないように、調整しましょう。

8 1段目の板を裏返し、飾り脚を取り付ける位置を決めていきます。曲尺を使い、四隅に印をつけます。

9 8の印が中心にくるように、それぞれ飾り脚の取り付け金具を置きます。下穴をあけ、ビス留めしましょう。

10 1段目の四隅に飾り脚の金具が取り付けられました。

11 6で墨付けしたのと同じ位置に線を引き、棚柱をビス留めする位置(各2か所)に印をつけます。

idea 8　飾り棚を作る

12　印をつけた上から下穴（貫通穴）をあけていきます。

13　1段目の棚柱の棚板と接する面に両面テープを貼っておきます。

14　棚柱を6で墨付けした位置に仮留めします。

15　11でつけた印の上から、棚柱に向かって下穴をあけます。

16　下穴の上からビス留めをしていきます。棚柱が浮いてしまわないように、反対側の手でしっかり押さえてきましょう。

17　1段目の棚柱が3枚取り付けられました。

18 1段目の棚板に飾り脚を取り付けていきます。金具にはめて回しながら取り付けます。

19 1段目が完成しました。

20 2段目を重ねて位置を調整し、木端に1段目の棚柱の位置を墨付けします。

21 1段目の棚柱(2段目に接する面)に両面テープを貼ります。

22 20でつけた印からずれないように2段目を再び重ね、仮留めします。

23 2段目側からも棚柱にビス留めします。木端の印を延長させ、2段目にもビス留めする位置(各2か所)の印をつけます。

idea 8　飾り棚を作る

24　印の上から下穴をあけ、ビス留めします。

25　3段目も、2段目の棚柱がくる位置に印をつけ、下穴（貫通穴）をあけます。＊棚柱用のネジのサイズに合わせて、六角軸ドリルビットを使用。

26　2段目の金具に棚柱を取り付けます。飾り脚と同様に、回しながら締めます。

27　3段目にあけた下穴に棚柱用のネジを差し込み、2段目の棚柱のネジ穴に合うように重ねます。

28　六角レンチでネジを回し締めていきます。

29　完成です。

idea 9
オープンラックを作る

シンプルなパーツをいくつもつなげて、大きなラックを作ることができます。
数も組み合わせ方も、自分好みにデザインしてみましょう。

Check!
もともとある家具に DIY家具を組み合わせる

ラックを組み上げるとき、家にあった古い箪笥を生かすことを思いつきました。DIYで作ったパーツの脚の代わりに箪笥を土台にすることで、強度を上げています。

materials and tools
必要な材料・道具

材料
1. 集成材
   - 棚板：200×860mm…1枚
   - 棚柱：480×200mm…2枚
2. L字金具…2個
3. ワトコオイル（500ml）
   - 木ネジ

このパーツを作ります

道具
- 曲尺
- 鉛筆
- マスキングテープ
- ドリルドライバー
- 金属製メジャー
- スジカイバケ
- マスカー（または養生シート）
- ビニール手袋
- 汚れてもよい布
- 厚めのプラスチック容器

目安予算 **4,000円**
＊1パーツの材料のみ

Point

壁・床・天井など ラックの接する面を固定する

作例では、ラックを安定させるために壁付けにしており、壁とラックをL字金具でしっかり固定しています。天井まで組み上げる場合も同様に金具で固定しましょう。また、組み上げ方もバランスが悪ければ強度が落ちるので、脚の位置を揃えるなど、調整することがポイントです。

塗装はビス留めの後に

基本的にDIYで家具を作る際は、木材をビス留めした後に塗装をします。先に塗装すると、乾かしている間に木が塗料を吸い、膨らんだり歪んだりしてうまく接続できなくなるからです。「塗装は組み立て後」を守りましょう。

Chapter 1 中級 デッドスペースをDIYで変身させる

作業工程

作業時間
20
分

＊1パーツの制作と
組み立てのみ

初めにやっておくこと

● 作るパーツの数と組み立て方を考えておく。

step 1 デザインスケッチを描く

- 作例では、既存の古い箪笥を1段目の土台にしています。
- パーツの組み合わせ方をアレンジしてもOK。部屋の角を利用してL字形にしたり、天井まで組み上げたり、置き場所に合ったアレンジをしましょう。
- パーツに底板を取り付け四角い枠の形にすると、より強度を上げられます。

step 2 オープンラックの組み立て・取り付けをする

[木取り図] ＊木取り図の描き方は、P.44を参照してください。

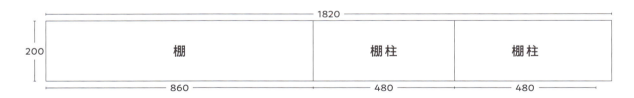

idea 9　オープンラックを作る

1　板材（天板・棚柱）を必要なサイズにカットしておきます。天板には、曲尺で直角を取りながら、棚柱を取り付ける位置を鉛筆で墨付けします。

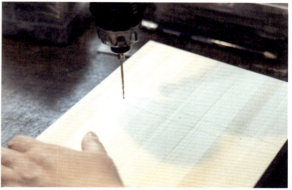

2　棚柱をビス留めする位置（各3か所）の印をつけ、ドリルドライバーで下穴（貫通穴）をあけていきます。反対側も同様に。

3　下穴をあけた場所に上から両面テープを貼り、棚柱を仮留めします。

4　2であけた下穴の上から、ビス留めをします。棚柱が浮かないように、反対の手で押さえながら打ち込みましょう。

5　棚柱と天板の接続部分に、L字金具を取り付けていきます。マスキングテープで仮留めし、上から下穴あけとビス留めをします。

6　L字金具が取り付けられました。反対側も同様にします。

Chapter 1　中級　デッドスペースをDIYで変身させる

7 オープンラックのパーツが1つ組み上がりました。

8 ワトコオイルを厚めのプラスチック容器に使う分だけ移し、ハケに多めに含ませて塗っていきます。＊周囲は養生しておきましょう。

9 上から布でふき取るように塗り込んでいきます。ハケも布も木目に沿って動かすと、ささくれなどが出にくいです。

10 しばらく置いて完全に乾いたら、置き場所で下から順にパーツを組み立てていきます。

11 壁と天板が接する部分と、下のパーツと棚柱が接する部分はL字金具を取り付けていきます。

12 完成です。7つのパーツを組み合わせることができました。

idea 10

段違いテレビボードを作る

シンプルなテレビ台に収納ラックとしての機能をプラス。
DVDやケーブル類など、ごちゃごちゃしがちな物もまとめて収納しましょう。

Check!

ダボ加工でランクアップ きれいに仕上げる一工夫を

「ダボ加工」は、木材をビス留めする際に目立つネジ頭を隠す、DIYの基本技です。特に目につく天板や側板などのビス留めは、ダボ加工で見た目をランクアップさせましょう。

必要な材料・道具

materials and tools

材料

❶ 集成材
　天板A：350×1000mm…1枚
　天板B：350×420mm…1枚
　中段：350×400mm…1枚
　脚A：350（板厚1枚分を引く）×350mm…1枚
　脚B・C：500×350mm…2枚

❷ 丸棒
　木ネジ

目安予算 9,000円

道具

ドリルドライバー
ダボ錐
❸ のこぎり
　＊アサリなし（P.132参照）
木工用ボンド
金づち
マスキングテープ
両面テープ
直定規
曲尺
鉛筆

Point

垂直にビス留めするときはしっかり手で支える

板材同士を垂直にビス留めする工程では、板が浮かないように反対側から押さえるのがコツです。あらかじめ両面テープで仮留めしておくと、位置もずれにくくなります。浮いてしまったら、一旦ビスを抜いてから打ち直しましょう。

墨付け跡を残したくないなら マスキングテープが便利

塗装せずに仕上げる場合、採寸時についた墨付けの跡が残っていると気になります。マスキングテープは跡が残りにくいので、線を引く代わりに使えます。ビス留めの位置などはテープの上から墨付けをするとOK。

idea 10　段違いテレビボードを作る

作業工程

初めにやっておくこと

- テレビのサイズを確認しておく。
- 広めの作業スペースを確保する。

step 1　デザインスケッチを描く

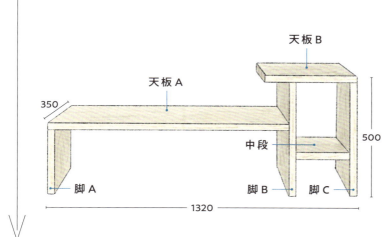

- シンプルな設計にするため、背板と底板をつけていません。
- 底板をつけると、敷物などに跡が残りにくく、より安定させることができます。

step 2　テレビボードを組み立てる

[木取り図] ＊木取り図の描き方は、P.44を参照してください。

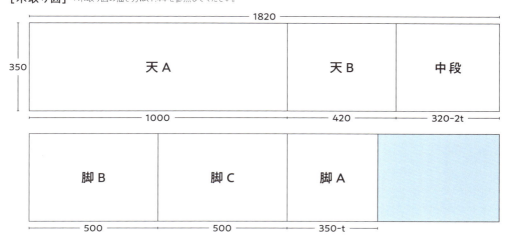

1 天板Aに脚Bを取り付けていきます。脚Bに脚Aを端をそろえて重ね、重なった部分に鉛筆で線を引きます。

2 線を引いた位置から離さずに、そのまま脚Aを立て、板の厚み分の線を引きます。

3 直定規で採寸し、バランスがよくなるようにビス留めする位置を定め、印をつけていきます（5か所）。

4 3でつけた印の上から、ドリルドライバーで下穴（貫通穴）をあけていきます。

5 天板Aを1と2で墨付けした場所に当て、反対側の下穴からビス留めしていきます。

6 天板Aの反対側に脚Aを取り付けていきます。天板Aの端（表面）にマスキングテープを貼り、ビス留め位置に印をつけます。

idea 10　段違いテレビボードを作る

7　ドリルドライバーにダボ錐をつけます。先端の3〜4mmを残してマスキングテープを貼り、穴あけの深さの目印にします。

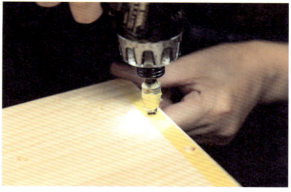

8　6でつけた印の上からダボ受け穴をあけていきます。ダボ錐のマスキングの位置まで穴をあけます。

9　すべてのビス留め位置にダボ受け穴があきました。

10　脚Aの天板Aと接する面に両面テープを貼り、天板Aに仮留めしておきます。

11　ダボ受け穴の上から、下穴をあけていきます。

12　下穴の上から、ビス留めをしていきます。

13 ネジ頭がダボ受け穴の底に埋まるように打ちます。

14 すべてのダボ受け穴にダボ加工をします(ダボ加工はP.151参照)。

15 中段を脚B・Cに取り付けていきます。曲尺で直角を取りながら位置を決め、高さを採寸します。

16 脚Cは15と同じ高さの位置に線を引きます。中段を取り付ける位置に立て、板の厚み分の線を引き、ビス留め位置の印をつけておきます。

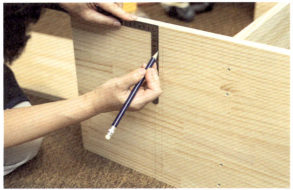

17 脚Bの中段側にも同様に墨付けをし、下穴(貫通穴)をあけておきます。

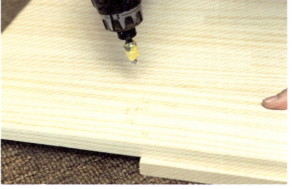

18 脚Cは印の上から下穴(貫通穴)をあけ、裏返して下穴の上からダボ受け穴をあけておきます。

idea 10　段違いテレビボードを作る

19 中段のビス留めする両側の面に両面テープを貼り、脚B・Cに仮留めします。

20 脚Bの下穴と、脚Cのダボ受け穴の上からビス留めします。

21 天板Bを取り付けていきます。脚B・Cと接する位置の表面側に墨付けをしておきます。

22 21で墨付けした線に沿って、ビス留めする位置も印をつけておきます。

23 印の上から下穴、ダボ受け穴の順にあけ、ビス留めしていきます。

24 完成です。

おすすめの収納アイテム │ ラブリコTVハンガー

大がかりな作業がいらず、テレビの壁掛けが簡単に叶う、収納アイテムです。

材料・道具
テレビハンガー ラブリコEXK-14…1個
＊使用荷重40kgまで
強力タイプ2×4アジャスター ラブリコ…2個
SPF（2×4材）…2本
＊材の長さは、設置場所の高さを測ったうえでアジャスターの仕様に沿って算出する。
ドリルドライバー
金属製メジャー

作業時間 20分

目安予算 12,000円

1 取り付け場所の高さを採寸したうえで、「強力タイプ2×4アジャスター ラブリコ」の仕様に従い、SPF材を必要なサイズにカットしておきます。アジャスターは各柱の両端に取り付けます。

2 柱をテレビの設置場所に取り付けていきます。柱上部のアジャスターの調節ネジを回し締めていきます。

3 反対側の柱も同様に取り付けましょう。

4 柱の間隔（外寸）がフレーム幅と同じ620mmになるよう、2本の柱の位置を調整します。

5 柱2本が取り付けられました。

6 上側のフレームを柱に取り付けていきます。テレビの高さを決め、メジャーで採寸しておきましょう。

7 フレームを付属のネジで固定していきます。水平になるように、採寸しながら調整します。

8 テレビの裏側にフックを左右2本取り付け、固定します。

9 アジャスターを取り付け場所にネジで固定していきます（手前の2か所）。

10 上側のフレームにテレビに取り付けたフック（上側）を引っ掛けます。

11 下側のフレームをテレビのフック（下側）に引っ掛けるようにし、ネジで固定します。

テレビの「壁掛け」は、部屋をすっきりと見せることができます。空間を広く使いたい人にはおすすめの収納術。

12 完成です。

Chapter 1　上級　デッドスペースをDIYで変身させる

idea 11
相欠き継ぎのシューズボックスを作る

大容量のシューズボックスです。底板と側板はビスを使わない「相欠き継ぎ」。
ワトコオイルで木目の美しさを生かした、味わいのある仕上がりになりました。

Check!
棚ダボをつけるだけの手軽な可動式棚

棚ダボは、側板にビスと同じように打ち込むだけで棚受けの役割を果たしてくれる、便利なDIYアイテムです。棚板は棚ダボにのせるだけなので、簡単に移動させることができます。

必要な材料・道具

materials and tools

目安予算 20,000円

材料
1. 集成材
   - 天板・底板：350×910mm…各1枚
   - 側板：1280×350mm…2枚
   - 棚板：350×540mm…2枚
   - 中柱：1180（板厚1枚分を引く）×350mm…1枚
2. ベニヤ
   - 背板：1180（板厚1枚分を加える）×810mm…1枚
3. ワトコオイル(1L)
4. 棚ダボ
   - 木ネジ

道具
- のこぎり
- 金づち
- 電動丸のこ
- ノミ
- ドリルドライバー
- 汚れてもよい布
- 曲尺
- 金属製メジャー
- 鉛筆

Point
「相欠き継ぎ」の際は木材の変化に気をつける

「相欠き継ぎ」は、組み合わせたい木材同士を半分ずつ欠き取って、つなぎ合わせる技法のことです。木材は置いている環境によって、乾燥や湿気でサイズが変わってしまうこともありますが、相欠き継ぎでは、ほんの1mmのズレが失敗を招くことも。組み合わせる部分の欠き取りができたら、同じ厚さの端材をかませておくなど、少しでも影響を抑えるようにしましょう。また、相欠きした木材を組み合わせる際は、一気に組もうとせず、ゆっくり歪みを抑えながら組むようにしましょう。

Chapter 1　上級　デッドスペースをDIYで変身させる

作業工程

作業時間 1 時間
＊塗料を乾燥させる時間を除く

初めにやっておくこと

- 相欠き継ぎをする木材のサイズの再採寸をしておく。
 → カットしたときよりも変化していたら、制作前に調整しておく。

step 1 デザインスケッチを描く

- 天板や側板など外から見える場所のビスは、ダボ加工[P.150参照]で目立たなくできます。
- 床を傷つけないように、底板にビスを使わない「相欠き継ぎ」の技法を使っています。

step 2 シューズボックスを組み立てる

[木取り図] ＊木取り図の描き方は、P.44を参照してください。

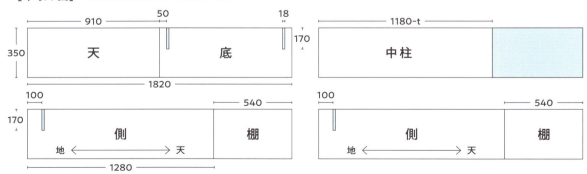

＊t＝板厚
＊背板は別途用意する。

idea 11 　相欠き継ぎのシューズボックスを作る

1　板材（天板・側板・底板・棚板・中柱）を必要なサイズにカット。底板に相欠きをするための墨付けをします。

2　作業台に発泡スチレンボードをしき、電動丸のこで墨付けした線に沿って、相欠きする部分をカットしていきます。

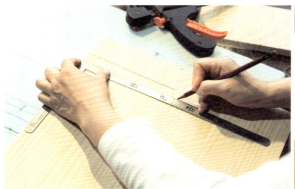

3　底板を裏返し、電動丸のこでカットしきれなかった部分を再び採寸し、墨付けをします。＊電動丸のこの刃は丸いので裏に切り残しが出るため。

4　3で墨付けした部分（縦の線）は、手のこで奥までカットします。

5　カットしたラインに沿って、ノミで欠き取っていきます。金づちで柄をたたきながら、奥から手前に向けて少しずつ欠き取りましょう。

6　側板2枚も同様に、底板と組むための墨付けと欠き取りをしておきます。

Point

相欠きする部分は、湿気や乾燥の影響でサイズが変わってしまわないように、同じ厚さの端材をかませておきます。

7 側板Bに棚ダボをビス留めする位置を決めていきます。メジャーで採寸しながら、バランスのよい位置に印をつけていきましょう。

8 反対側にも7でつけた印と同じ高さになるように、印をつけます。

9 印の上からドリルドライバーで下穴をあけます。掘りすぎないよう、ドリルビットにマスキングテープを貼っておくと目印に。

10 印をつけた箇所すべてに下穴をあけていきます。

11 中柱にも、同じ位置に印をつけていきます。2枚の板をそろえて並べ、曲尺で直角を取りながら採寸すると失敗しません。

idea 11　相欠き継ぎのシューズボックスを作る

12 10と同様に、印をつけた箇所すべてに下穴をあけていきます。

13 側板B・中柱にあけたすべての下穴に棚ダボを打ち込んでいきます。

14 側板Bと底板の相欠きした箇所を組んでいきます。奥までしっかりはめ込みましょう。

15 はめ込むときに、無理に押し込んだりすると、板が割れてしまいます。引っ掛かりがあれば、いったん戻して差し直すようにしましょう。

16 ある程度組み合わせられたら、端材などを当てて、上から金づちで軽くたたいてズレを整えておきます。

17 底板と側板Bの相欠き継ぎができました。

Point

相欠き継ぎで木材が割れてしまったときは、割れた部分を木工用ボンドで接着し、ビス留めすればリカバリーできます。

18 中柱と棚板を仮組みし、中柱の位置をきめていきます。

19 歪みやズレがないかを確認し、相欠き継ぎの部分も再度調整しておきます。

20 底板側から中柱に向かって、下穴をあけていきます。

21 下穴の上からビス留めしていきます。中柱が浮かないように、反対側の手で押さえながら行いましょう。

22 反対側の側板も相欠き継ぎし、しっかりはめ込んだら、天板を取り付けていきます。

idea 11　相欠き継ぎのシューズボックスを作る

23 天板が側板と接する位置を採寸し、天板から側板に向かってビス留めしていきます。

24 23でビス留めした位置を基準に、側板からずれないように曲尺で採寸しながら、他の2か所もビス留めしていきます。

25 中柱と接する面も同様に、天板側からビス留めしていきます。

Point

天板の取り付けなど、板が分厚く打ちにくいときのビス留めにはインパクトドライバーが有効です。ただし、下穴あけには制限があるのでおすすめしません。

26 天板の取り付けができたら、背板を取り付けていきます。

27 本体を横に寝かせ、背板を当てながら位置を定めます。

99

28 バランスのよい位置を定め、下穴あけ、ビス留めをしていきます。板が浮くようならマスキングテープなどで仮留めしてもOK。

29 本体が組み上がりました。

30 ワトコオイルを使う分だけプラスチック容器に移し、スジカイバケで塗っていきます。＊大きな木材でもムラなく塗れるコテバケがおすすめ。

31 ワトコオイルを塗ったら、上から布でふき取るように塗り込んでいきます。木目に沿って塗るのがポイントです。

32 内側も塗っていきます。棚ダボのネジ穴に塗料がたまっていたら布で軽く拭いておきましょう(締め直しが難しくなるため)。

33 しばらく置いて完全に乾いたら、完成です。

idea 12
キャビネット付き洗面台を作る

たっぷり収納できる手作りのキャビネットで、洗面台の収納力をアップ。
排水管や収納したものを扉で目隠しして、すっきり見せました。

Check!

扉の蝶番は見えないところに

キャビネットの扉の蝶番は、外側から見えないように取り付けると見た目がすっきり。色も木材になじみやすい黒にしました。扉には取っ手もないのでシンプルにまとめられます。

必要な材料・道具

materials and tools

材料

❶ 集成材
　天板：400×730mm…1枚
　扉：425×400mm…2枚
　側板：850×400mm…2枚
　中柱：850×350mm…1枚
　中段：350×365（板厚1.5枚分を引く）mm
　　…2枚

❷ ベニヤ
　背板：850（板厚1枚分を加える）×730mm
　　…1枚

❸ 洗面ボウル（排水栓付）…1個

❹ 排水Sトラップ…1個

❺ 平蝶番…4個

❻ 丸棒（ダボ用）

❼ ワックス（クリア）

木ネジ

道具

目安予算 30,000円

ホールソー
ドリルドライバー
のこぎり
＊アサリなし（P.132参照）
木工用ボンド
金づち
金属メジャー
曲尺
マスキングテープ
両面テープ
鉛筆
＊排水栓の仕様を確認し、必要であればコーキング材を用意する。

Point

水回りの木工家具は塗装やワックスを

木工家具における塗装は、木材を保護する役割も持っています。特に洗面所やキッチンなど、水気の多い場所に置く木工家具は、仕上げにペンキやオイルなどの塗料またはワックスを塗布しておきましょう。木が傷みにくくなり、長持ちさせることができます。色をつけたくない場合は、今回使用したクリアータイプのワックスがおすすめです。塗装の前には、サンディング（P.10参照）も忘れずに。

idea 12 キャビネット付き洗面台を作る

作業工程

作業時間 1時間20分

初めにやっておくこと
- 蛇口と排水管の位置を確認し、デザインを考える。

step 1 デザインスケッチを描く

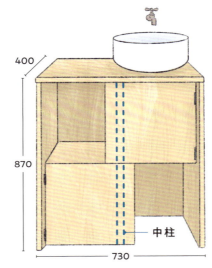

- 排水管と蛇口の位置に合わせて、棚板にあける穴の位置を決めます（P.109参照）。
- 天板・側板はダボ加工、内側は通常のビス留めをしています。
- 扉の横幅を大きめにし、手をかけて開け閉めできるようにしています。

step 2 キャビネット付き洗面台を組み立てる

[木取り図] ＊木取り図の描き方は、P.44を参照してください。

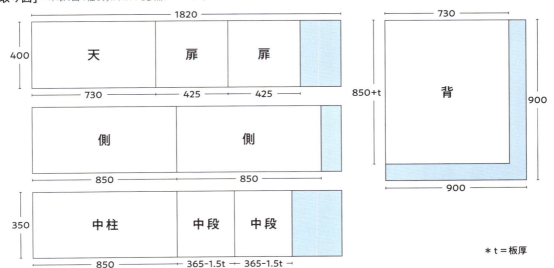

＊t＝板厚

1 板材（天板・側板・中段・中柱）を必要なサイズにカットしておき、天板と側板を組んでいきます。

2 天板を採寸し中柱を取り付ける位置を決め、マスキングテープを貼ります。側板を取り付ける位置も同様に。

3 2のマスキングテープの上に、鉛筆（またはマーカー）でビス留めする位置の印をつけていきます（各4か所）。

4 ダボ錐をつけたドリルドライバーで、印の上からダボ受け穴をあけていきます。

5 天板に側板を当て、ダボ受け穴の上からビスを打ち込んでいきます。側板2枚ともビス留めします。

Point

大きな板材を組んでいくときは、ブックスタンドやマスキングテープを使って固定しておくと、作業がスムーズになります。

idea 12　キャビネット付き洗面台を作る

6 メジャーで採寸し、ダボ受け穴と位置がずれないように中柱の位置を固めます。

7 中柱も側板と同様に、ダボ受け穴の上からビス留めしていきます。

8 メジャーで採寸しながら中段の位置を決めていきます。

9 中段を取り付ける位置の目印として、側板にマスキングテープを貼り、ビス留めする位置に印をつけます。

10 9の印の上から、ダボ受け穴をあけていきます。中段が浮かないように、反対の手でしっかり押さえておきましょう。

11 中柱側からも中段にビス留めしていきます。作業しやすいように、組んでいる材料を動かしながらビス留めしましょう。

105

12 中柱にも同様にマスキングテープを目印にしながら、ビス留めする位置に印をつけておきます。

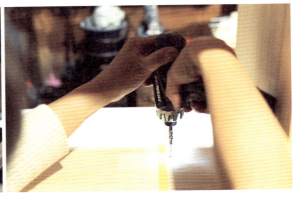

13 12の印の上から、下穴あけとビス留めをしておきます。反対側の中段も同様にします。

14 天板も取り付けていきます。側板と中柱にビス留めする位置にダボ受け穴をあけ、ビス留めします。中柱はマスキングテープを目印にします。

15 ネジ頭が見えないようにダボ受け穴に丸棒を入れ、加工をしていきます（ダボ加工はP.151参照）。

16 ダボ加工で、天板のネジ頭が見えなくなりました。側板のダボ受け穴にも同様に、加工していきます。

17 扉を取り付けていきます。右上は左開き、左下は右開きにします。

idea 12　キャビネット付き洗面台を作る

18 蝶番を取り付ける位置を決めます。作例では扉の上下からそれぞれ30mmの位置に蝶番の上辺・下辺がくるように木端に印をつけました。

19 扉板の木端に蝶番の片羽根を置き、マスキングテープで仮留めし、下穴あけとビス留めをしていきます。

20 まず扉板の2枚に蝶番を取り付けます。

21 扉を閉じた状態にし、側板に蝶番の位置を墨付けしておきます。

22 *21*でつけた印に合わせて蝶番のもう一方の羽根を置き、マスキングテープで仮留めしておきます。

23 蝶番に下穴あけとビス留めをし、側板に取り付けていきます。

24 本体に扉が取り付けられました。もう一方の扉も同様に取り付けます。扉同士がかち合ってしまったら、カンナなどで木口を削ります。

25 背板を取り付けていきます。各辺に5か所ずつ、バランスよくなるように下穴あけとビス留めをしていきます。

26 本体が組み上がりました。ここから排水管の取り付け場所に移動させて作業します。

27 洗面ボウルの位置を確認します。

28 排水口がくる位置を確認し、天板に墨付けをしておきます（中心をとり、印をつけておきます）。

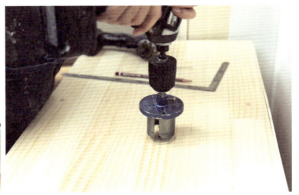

29 墨付けした位置にホールソーをセットし、穴をあけます。摩擦で木が焼けてしまわないように、低速回転で少しずつあけていきましょう。

idea 12　キャビネット付き洗面台を作る

30　穴が開いたら、断面をサンディングしておきます。丸棒などにサンドペーパーを巻き付けると便利です。

31　水気から保護するため、ワックスを全体に塗っておきます。布に取り、木目に沿って塗っていきましょう。

32　洗面ボウルに排水栓をセットします。※排水栓の仕様を確認し、必要であればコーキング材を塗布します。

33　排水金具に排水S字トラップを取り付けます。排水トラップと排水管を接続するために、中段に穴をあけます。29と同様にホールソーを使用。

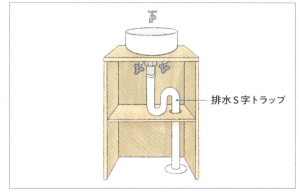

34　中段の穴を通して、排水S字トラップと排水管をつなぎます。距離が足りない場合は、排水ホースを使って延長させましょう。

35　完成です。

column 3
木材を選ぶときのポイント

ホームセンターなどで木材を選ぶとき、種類やサイズだけでなく、自分で木材の状態をよく観察してから購入することをおすすめします。木は生きものなので、それぞれの木材に木目や節などの違いがあり、とても個性豊か。加工の仕方によって、手触りなども一つ一つ異なります。このような個性が味わいをもたらすこともありますが、DIYで木材を切ったり組み立てたりする際にはトラブルの原因になってしまうことも。材料選びも大事な工程の一つと考え、まずは次の2点をチェックしてみましょう。

1 ひび割れや大きな節はない？

天然のまま手が加えられていない無垢材などは、もともと木が持っていた節やひび、穴がそのまま残っていることがあります。作りたいものや好みに合わせて、使いやすいものを選びましょう。小さな傷やひびなら、補修することもできます [P.157]。

2 反りや曲がりはない？

木材に反りや曲がりがあると、組んだときに隙間ができてしまいます。木材選びの際は、木口や木端の面から垂直方向に観察する、または水平な場所に置いて、がたつきがないか確認しましょう。反りや曲がりが起きにくい集成材や加工材などを使うのも一つの案です。

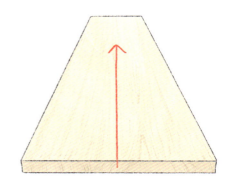

自宅で保管するときの反りを防ぐワザ

木材を自宅で保管する場合、エアコンなどの空調の影響を受けて変形してしまうことがあります。反りが起こらないようにするワザとして、「平らな場所に木材同士を重ねて置く（重石にする）」、または「作業台に置いてクランプで留める」などを試してみましょう。

chapter 2

押入れ収納を
充実させる

押し入れを新しい収納スペースとして
より活用するためのアイデアをご紹介します。
カラーボックスや突っ張り棒などの市販の収納グッズと組み合わせた、
DIY収納にチャレンジしましょう。

押し入れは
「収納」でこそ本領を発揮する

押し入れを隅々まで有効に活用できていますか?
押し入れのデッドスペースは、DIYや100均で購入できるアイテムなどをうまく使えば、
収納に生かすことができます。押し入れを100%活用するための収納術をご紹介します。

棚を取り付けて
上の空間も収納スペースに

壁の幅いっぱいに手作りの棚を取り付けました。一枚板と棚受けを取り付けるだけのシンプルな設計で、2段にすることで上の空間を有効活用しています。

「掛ける」収納には
フックやアイアンハンドルを

リュックや帽子類などは、壁に取り付けたフックに掛けて収納しています。頻繁に使うものは、掛ける収納がおすすめです。スカーフ類にはアイアンハンドルが便利。

充電式の照明を下げて
明かりを取り入れる

掃除やものの整理をする際に必要な明かりを確保するため、充電式の照明を取り入れています。全体を照らせるように、天井の桟にコードを通して吊り下げ、天井照明にしました。

家にあった着物箪笥を
リメイクして収納棚に

着物箪笥をリメイクして押し入れでも使える収納棚にしました。ものの出し入れがしやすいように、引き出しの前板を取り除いたり、段数を増やしたりしています。

押し入れの構造をチェックする

押し入れでDIYをする前に、特有の構造や特徴を理解しておきましょう。

各場所の特徴

天袋（てんぶくろ）	天井近くに取り付けられている収納棚のこと。押し入れの上段・下段とは別に襖がついている。天袋のない押し入れも多い。
雑巾摺り（ぞうきんずり）	壁に沿って、床と中段部分に取り付けられている細い部材のこと。雑巾がけをすると、この部分で擦れてしまったことが名前の由来。中板に釘で取り付けられている場合が多い。
中段（ちゅうだん）	上段と下段を仕切る部分。上段に収納するものをのせる、真ん中の板（ベニヤ板）を中板という。押し入れ特有の構造。取り外すことも可能。
前框・後框（まえかまち・うしろかまち）	中段の手前と奥にそれぞれ横向きに組まれている木の部分。前框・後框の間には根太（ねだ）と呼ばれる下地材が垂直に組まれ、中板を支えている。
襖（ふすま）	押し入れの引き戸。木製の骨組みに紙や布が貼りつけられており、「引き手」と呼ばれる取っ手がついている。取り外すときは、両手で上に持ち上げながら下部分から外す。

押し入れの補強

押し入れの壁や床の強度は、実はそんなに高くありません。棚を取り付けたり、重量のあるものを置いたりしたい場合は、板を敷き詰めてしっかり補強しましょう。

パーティクルボードなどがおすすめ

1 エタノールを含ませた布で押し入れの床と壁をふき、埃やカビなどの汚れを取っておきます。水拭きする場合は、水分が残らないようによく乾燥させましょう。

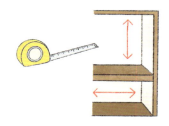

2 メジャーで押し入れの壁（側面・奥）と床の横幅・高さ（縦幅）を採寸します。天井や床に歪みがある場合があるので、必ず両端と中央の3か所を計るようにしましょう。

3 補強用の板材を準備し、2で採寸したサイズに合うように、必要な枚数をのこぎりでカットしておきます。板材はなるべく丈夫な素材を選びましょう。

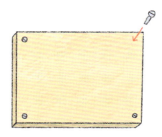

4 カットした板を床と壁に敷き詰めるように取り付けていきます。板同士に隙間ができないように気をつけながら、板の四隅をドリルドライバーでビス留めします。

5 押し入れの床は特に強度が弱い部分なので、丁寧に補強しましょう。

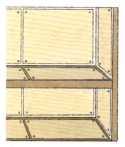

6 壁と床すべてに板を張れたら、補強完了です。

Check!

板材のビス留めは目立たせないように

板材で補強する際は、ビス留めした箇所が目立たないように、木ネジはなるべくネジ頭が小さいものを選びましょう。また、ビス留めする際に、ネジ頭が少し埋まるくらい深めに打ち込んでおくと、収納ケースや箪笥などと接触しても傷つきません。

idea 1
収納棚・ボックスを入れる

市販の収納ボックスやDIYの収納棚は、押し入れでも活躍します。

初級

市販の収納ボックスを活用。収納ボックスには素材や形、サイズなどによって、さまざまなバリエーションがあります。自分の収納スタイルに合ったものを探しましょう [P.117]。

中級

もともとある家具を押し入れでも使いやすいようにリメイク。取っ手やキャスターを取り付けたり、引き出しを増やしたり、自由にアレンジできるのがDIYの魅力です [P.118]。

上級

押し入れ専用の収納棚・ボックスをDIYで制作しましょう。素材やサイズ、デザインを一から考えて作れば、自分にぴったりの収納ができるはず。参考になるアイデアをご紹介します [P.119]。

収納ボックスを使いこなすコツ

収納ボックスを使うときに意識したいのは「出し入れのしやすさ」「中身の見やすさ」。キャスター付きで奥にしまっても出しやすい、中身が見えるデザインで一目で収納しているものが分かるなど、利便性を追求してみましょう。

初級 市販のカラーボックスなどを使う

木製タイプ
ベニヤ合板やMDF、パーティクルボードなどが使われることが多い。

組み合わせや機能性で選ぶ
サイズ・段数はさまざま。コンパクトな2段タイプや1段のボックスを組み合わせて使うタイプ、狭い空間にも置きやすいスリムタイプなどバリエーション豊かです。扉の有無などの機能性や耐荷重も考えて選びましょう。

+αアイデア
- 高さのない場所で横に倒して使うこともできます。
- 収納ケースを入れて、引き出しとして使うことも。

ワイヤータイプ
取っ手のついたバスケット型やかご型など。

布製タイプ
キャンバス生地などが使われていることが多い。

中が見える収納に
収納するものによって網目の大きさやサイズを選びましょう。中身が見える収納がしたいときに便利。蓋や取っ手付き、スタッキングできるものも。木製・布製よりも強度が高いので、重さのあるものでも耐えられます。

+αアイデア
- 木製カラーボックスに入れて使うこともできます。
- 網目をカバーしたいときは、布製などのボックスを中に入れて使ってもOK。

衣類の収納におすすめ
通気性がよくカビが生えにくいので、衣類の収納に向いています。蓋や取っ手、仕切り付き、中が見える窓付きタイプ、折り畳めるタイプなどデザインもさまざま。軽くて扱いやすく、上から吊るして使うこともできます。

+αアイデア
- 取っ手付きの収納ボックスをフックやポールに掛けて、吊り下げ収納に。
- 高い場所に置いても安心して使えます。

Check! ビス留めは中空構造に気をつけて

木製のカラーボックスは、板が中空構造になっているものが多いです。中空構造とは、ダンボールのように中に空洞がある構造のこと。このような構造はネジが効きにくく抜けやすいため、アレンジする場合は、枠にビス留めするようにしましょう。

中級 家にある家具をリメイクする

Case 着物箪笥のリメイク

家にあった着物箪笥を押し入れでも使いやすいようにリメイクしました。

1. 引き出しの各段に何を収納しているのか、一目でわかるようにしたい。
2. 細かいものも整理しやすく、出し入れも楽にしたい。

Remake

1. 前についていた観音扉を取り外し、引き出しの中が見えるようにする。

2. 天板の背板側に蝶番を取り付け、蓋のように開け閉めできる仕様にする。

Check! キャスターを取り付けて機能性をアップ

押し入れ収納では、キャスターがついている収納棚が便利。キャスターは、のせるものの耐荷重を考慮して選ぶことがポイントです。家具に直接取り付けるのが難しい場合は、すのこにキャスターを取り付ける「すのこ台車」がおすすめ。台車の上に家具をのせれば移動もラクにできます。

シンプルな収納棚を作る

上級

Case　キャスター付き収納棚

1. 湿気にも負けないように通気性を良くしたい。
2. 押し入れの下段に入れて、出し入れしやすくしたい。

make

1. 引き出しと天板・底板の間に空間を作る。
2. 底板の四隅にキャスターを取り付ける。

▶作り方はP.63を参照

Case　すのこの収納棚

1. 引き出しのないシンプルな棚にしたい。
2. 衣類などかさばるものの整理に役立てたい。

make

すのこ6枚を組み合わせる。底板側から側面・背面のすのこをビス留めし、天板と棚板のすのこはゲタ部分にのせるだけ。

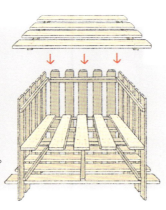

idea 2
照明を取り入れる

押し入れの明るさを確保するために、照明を取り入れましょう。

初級

電池式・充電式のライトは、移動や持ち運びが手軽にできます。短時間の作業や手元を照らしたいときなどにも便利。明るさの段階を変えられるものもあります。

中級

頻繁に作業するなら、電池交換がいらないコード式のライトがおすすめ。押し入れの外の電源から延長コードなどで接続します。スポットライトやスタンドタイプなどがあります。

電気コードの扱いには気をつけて

長期間にわたって電気コードを無理に曲げた状態にしていたり、重い家具を上にのせていたりすると、断線し発火してしまう恐れがあります。コード式ライトを常に押し入れ内に設置しておく場合は、電源コードや電源タップが絡まないように整理し、「上にものをのせない」「強く曲げない」「人が歩く場所（敷居など）に置かない」ように気をつけましょう。また、照明を使わないときにコンセントを抜いておくことも発火のリスク軽減につながります。電気コードに負担がかかっていないか、傷ついていないか定期的に確認することも忘れずに。

シール付きのケーブルクリップは、壁や棚などの立体的なものに這わせて固定することができます。

初級 電池式・充電式のライトを使う

─ 天井まわりに ─

センサータイプ
人感センサー付きのライトは、人の動きを感知して自動点灯・消灯します。フック付きなら掛けて使えるので便利。

電池式や充電式のライトも、天井近くに取り付ければシーリングライトのように使えます。作例では、桟に取り付けたフックにコードを掛けています。

三段階調光タイプ
好みに合わせて明るさの段階を切り換えられるタイプです。作業によって調節できるので、省エネにも。

─ 手元・足元に ─

キャンプ用の電池式・充電式のランタンは、ハイパワーで明るく、明るさを調節できるタイプが多いので、押し入れにもおすすめです。

マグネットタイプ
壁にスチールプレートを貼り、マグネットで取り外しができるタイプ。スティック型は手元を照らしながらの作業に便利です。

スイッチ型タイプ
スイッチとライトが一体化したタイプ。ワンタッチで点灯・消灯ができます。壁掛けができるフック付きがおすすめ。

乾電池は入れっぱなしに注意！

乾電池をライトに入れっぱなしにしておくと、液漏れを起こし、ライトが使えなくなってしまうことも。長期間使用しない場合はライト本体から抜いて保管しましょう。

Chapter 2 初級 押し入れ収納を充実させる

押し入れの外の電源を使う

押し入れに常に照明を設置しておく場合は、広い範囲を照らせるスタンドタイプや壁・天井に取り付ける（または固定する）タイプのライトが適しています。壁に直接ビス留めする際には、あらかじめ板材で補強しておきましょう[P.115]。

押し入れの中で頻繁に場所を移動させたいなら、クリップタイプのライトもおすすめ。好きな場所にクリップで留めるだけなので、簡単に移動・設置ができます。

条件に合わせて明るさを選ぶ

照明の明るさは、「設置場所の広さ」「目的」「時間帯」を考えて選びましょう。下の2種類の照明は、同じ条件で明るさを比較したものです。

キャンプ用のライト

昼間でも薄暗い押し入れですが、全方向に光が広がり、全体が明るくなりました。収納・整理もしやすい明るさです。

間接照明

ものの出し入れなど短時間の作業をするとき、手元を照らすのに適した明るさになりました。

idea 3
収納棚を取り付ける

収納棚を活用すると、押し入れの上の空間を生かすことができます。

初級

棚板一枚と棚受けだけで作る、シンプルな一枚板の棚をDIYしてみましょう。すのこを組み合わせれば、ビスなしで押し入れのサイズぴったりの棚も作れます。

中級

棚レールを活用して、押し入れに可動式の棚を作りましょう。レールを延長させたり、棚受けを増やしたりすることで棚板の数も自由に変えることができます。

棚を取り付ける前に…

押し入れは奥行きのある構造なので、頻繁に使うものは手前に収納しておくことをおすすめします。棚の取り付け場所も、収納したいものによってどこに設置するのがよいか考えましょう。また、一般的な住宅の押し入れは内側の壁の強度があまり高くありません。そのため、壁に直接棚を取り付ける場合は、板を張るなど補強しておく必要があります（P.115参照）。突っ張り棒を使って簡単な棚やハンガーポールを作る場合も同様です。

＊突っ張り棒は、設置場所や耐荷重などの仕様を確認のうえ、サイズを選びましょう。

床や壁が歪んで傾斜している場合もあるため、取り付け位置を決めるときは、必ず棚幅の3か所を採寸しましょう。

初級 一枚板の棚を取り付ける

Case シンプルな一枚板の棚

1. ファイルや書類、文房具、小さな箱類などの細かいものを収納するために使いたい。

2. 押し入れの上のスペースを、無駄なく有効に使いたい。

make

1. 棚板一枚の両端にL字金具2個を取り付ける。

2. 水平器を使って取り付け位置を決め、押し入れの上段の壁に取り付ける。

Case すのこの収納棚

1. 釘やドライバーなどを使わずに、手軽に棚を作りたい。

2. 押し入れの幅を生かして棚を取り付けたい。

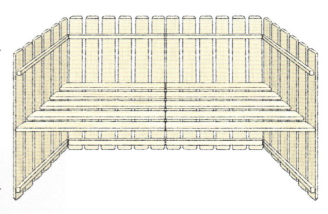

make

すのこ数枚を左右と奥の三方の壁に立て、棚板のすのこを押し入れの幅に合わせてのこぎりでカットし、ゲタの上にのせる。

中級 棚レールで可動式の棚を作る

Case 棚レールの可動棚

1. 工具や本などの少し重量のあるものを収納したい。
2. 用途に合わせて、棚板の位置を自由に動かして使いたい。

make

1. 設置する場所を決め、棚レールを2本壁に取り付ける。

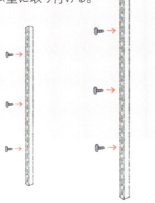

2. 棚受けを必要な数だけ取り付け、棚板を設置する。

Check!

棚レールの使い方はさまざま

取り付ける場所のスペースや棚板の長さなどによって、棚レールはいろいろな使い方ができます。例えば、長い棚板を使って押し入れの横幅いっぱいに棚を取り付ける場合は、棚レールを3〜4列にして使うこともできます。逆に狭い空間なら、棚レールの取り付け位置の幅を狭くして小さな棚板をのせ、コンパクトに使うことも。ただし、棚レールを取り付ける際は、必ず下地の上からビス留めしましょう。

idea 4
「掛ける」収納アイテムを使う

バッグや帽子など、頻繁に出し入れするものには「掛ける収納」が便利です。

初級

壁掛け用のフックを取り付けたり、突っ張り棒にハンギングラックをセットしたり、"掛けるだけ"の簡単な収納術です。バッグや帽子などのアイテムを収納するのにぴったりです。

中級

突っ張り棒×ワイヤーネットの掛ける収納術です。突っ張り棒を縦に使い、大きめのサイズのワイヤーネットと組み合わせれば、収納量が一気にアップします。

上級

有孔ボードは、取り付け場所やサイズを自由に選ぶことができます。小物から大きなものまで収納できるもののバリエーションが豊かな点も魅力。木や樹脂、ステンレスなどの素材も選べます。

掛ける収納は耐荷重に注意！

「掛ける」収納アイテムは、使う前に耐荷重を必ず確認しておきましょう。壁に取り付けていたものが重みに耐えきれずに落下すると、壁紙や補強材などが傷つくこともあります。必要以上にものを掛けすぎないようにしましょう。

初級 フックやフックボードを活用する

壁掛け用フックを取り付け

壁掛け用フックをドリルドライバーでビス留めしました。取り付ける際の穴を目立たせたくないなら、石膏ボード用ピンがおすすめです [P.20]。木・合板にも使用できる仕様のものを選びましょう。

自分好みのフックボードを作る

いろいろな形・耐荷重の壁掛け用フックを組み合わせて、必要な数だけ板材に取り付ければ、自分好みのフックボードを作ることができます。1つの板材にまとめれば見た目もすっきり。壁に直接取り付けないので、手軽にアレンジも楽しめます。

吊り金具を使えばビス留めいらず

DIYで作ったフックボードを壁に取り付ける際には、ビス留めせず、三角吊り金具を使う方法もあります。ボードの上の木口部分に金具を必要な数だけドライバーでビス留めし、壁に取り付けた石膏ピンや洋折れ金具に引っ掛けて使います。金具の種類や使う数は、耐荷重に応じて決めましょう。

Check!

三角吊り金具

Chapter 2　初級　押し入れ収納を充実させる

中級 ワイヤーネットを活用する

突っ張り棒×ワイヤーネット

突っ張り棒は立てて柱のように使うこともできます。作例では、2メートルの突っ張り棒を使用していますが、中段がある押し入れなら、上・下段のどちらかの高さで作ってもOKです。

> **ワイヤーラックと組み合わせても**
> S字フックだけでなく、ワイヤーラックを結束バンドで留めれば、小物収納にも便利。

Point

鴨居・敷居には溝があるので、突っ張り棒の強度が落ちないよう、板をかませています。

ワイヤーラックのサイズに応じて、必要な数だけ結束バンドで留め、固定します。

突っ張り棒の代わりに、2×4材と「2×4アジャスター ラブリコ」を使っても作ることができます。

上級　有孔ボードを取り付ける

有孔ボードを押し入れの壁に取り付けて、掛ける収納スペースを作りました。木や樹脂の有孔ボードは、好みのサイズに合わせて、のこぎりなどでカットして使うことができます。

Point

取り付け位置に印をつけるときは、水平になるように気をつけましょう。

ビス留めせず、洋折れ釘を壁に打ち込み、有効ボードの穴を利用して掛けます。

壁との間に少し隙間を空けて設置することがポイント。S字フックなどを掛けるときに隙間が必要になります。

上から吊るしてもOK！

天井部分に下地になる柱があれば、フックを付けて有孔ボードを吊るすこともできます。

押し入れの中段を取り外す

*押し入れの各用語については、P.114を参照。

押し入れの中段は、DIYの基本の道具で簡単に取り外すことができます。

材料・道具
バール、金づち、ハンマー、
のこぎり、ヤスリ（またはサンドペーパー）
*押し入れの部材が釘ではなくネジで留められている場合、ドリルドライバーが必要です。

Check!

中段を取って収納の幅アップ！

押し入れの中段を取り外すと、「高さのある物を収納できる」「壁を広く使える」というメリットがあります。壁と床をしっかり補強すれば、大きめの家具を入れたり、床から天井まで棚を取り付けたり、収納の幅もぐっと広がります。

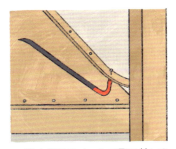

1 雑巾摺りをバールで取り外します。中板との隙間にバールを差し込み、てこの力を使って上に押し上げるようにはがします。差し込みにくいときは、ハンマーで打ち込みます。

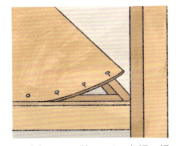

2 中板を取り外します。中板は根太（中段の構造材）に上から釘で固定されているので、下からハンマーで軽く叩くだけで外れます。外した後に残った釘はバールで抜きましょう。

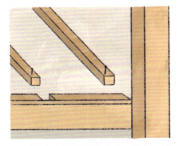

3 根太を取り外します。前框・後框にそれぞれ上から釘で留められているので、中板と同様に、下からハンマーで叩いて外します。

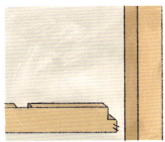

4 前框・後框を取り外します。左右の柱に大きな釘で取り付けられているので、それぞれのこぎりで中央を切ってから、左右片方ずつハンマーで叩いて外します。

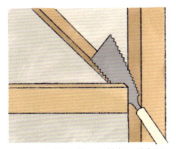

5 まれに雑巾摺りと前框・後框を組んでから、内部の壁を仕上げている押し入れもあります。その場合は、柱に沿ってのこぎりで切り落としましょう。

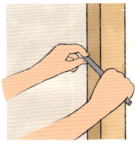

6 前框・後框が取り付けられていた柱を、ヤスリまたはサンドペーパーでサンディングします。ささくれなどが出ないように表面を整えておきましょう。

chapter 3

DIYの
基本テクニックを
身につける

のこぎりやドリルドライバーの使い方など、
DIYを始める前に覚えておきたい基本テクニックをご紹介します。
安全にDIYを楽しむために、基本をしっかりおさえておきましょう。

technic 1
「のこぎり」をマスターする

木工DIYには欠かせない道具である「のこぎり」。
まずは種類について知り、基本の使い方をマスターしましょう。

メンテナンス不要な替刃式がおすすめ

木工用のこぎりの主な種類は2つ

両刃のこぎり
左右に縦挽き・横挽き用の刃がついています。それぞれ刃の形が違い、木材を切る向きによって使い分けができるようになっています。「大工のこ」とも呼ばれます。

片刃のこぎり
横挽き用の刃のみがついている場合が多いですが、縦挽きと横挽きのどちらにも使える「縦横斜め挽き」の刃がついているものもあります。斜めに切る場合は、横挽きを使用します。

横挽き
木目に沿って垂直に切ります。横挽き刃（刃が細かい方）を使います。DIYでは横挽きをする場面がほとんど。横挽き刃は、刃が細かい分、切り口がきれいなのも特徴。

縦挽き
木目に沿って平行に切ります。横挽きよりも抵抗が少ないため、縦挽き刃（刃が大きい方）を使います。

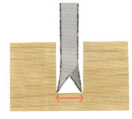

アサリとは…
のこぎりの刃先の左右交互に開いた部分のこと。アサリがのこ身の厚みより切り幅を広げ、木材との間に隙間を作るため、**摩擦が軽減されます**。アサリがないのこぎりは、ダボなどを切断する際に木材に傷がつかないという特徴があります。

のこぎりを使うときの基本姿勢と持ち方

DIYでは基本的に片手でのこぎりを持つ「片手挽き」で木材を切る場面が多いです。作業場所に応じて、正しい姿勢と持ち方で切れるようにしましょう。

作業台で挽くとき

切断する部分を作業台の外に逃がし、のこ身と顔の位置が直線上にくるようにします。のこぎりを持つ手と反対の手は木材に添えます。

低い場所で挽くとき

床などの低い場所では、木材の下に角材を置くなどのこぎりの刃が床に当たらないようにし、足で木材を固定し作業台と同様に挽きます。

持ち方のポイント

のこぎりは柄尻に近い部分を軽く握ります。強く握りすぎないのがコツ。

電動丸のこを使う

電動丸のこは、円形の刃を高速で回転させて木材を真っすぐに切ることができます。

作業台にスタイロフォーム(発砲プラスチックの断熱材)を置き、緩衝材にします。電動丸のこの刃の角度と深さをつまみネジで調整し、巻き込み防止のため軍手などの手袋は外しておきましょう。

スイッチを入れ、刃の回転が安定したら切り始めます。キックバックを防ぐため、必ず刃が最高速度になってから木材に当てるようにしましょう。＊キックバック…刃が材料の抵抗に負け、反動で弾き返される現象のこと。

基本の切り方を
おさえる

片手挽きで木材をまっすぐに切るための、
基本の切り方を確認しましょう。
コツをおさえれば、短時間でスムーズに切ることができるようになります。

1　木材を固定する

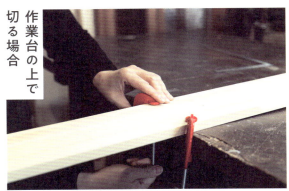

作業台の上で切る場合

木材の切断する部分を作業台の外に逃がし、クランプで固定しましょう。

低い場所で切る場合

平らで安定する場所に木材を置き、膝または足で踏んで固定します。床などで切る場合は、木材の下に角材などを置き、のこぎりの刃が当たって傷がつかないように高さを確保してから切ります。

2　のこぎりを軽く挽いて「のこ道」を作る

切りたい場所に鉛筆などで線を引いておき、その外側に刃先を当てます。のこぎりが動かないように反対の手の親指をガイドにし、軽くのこぎりを何度か挽いて、浅い溝（のこ道）をつけておきます。

Check!

作業台で切る場合は、クランプを1か所だけ留めると切っている途中で木材が回ってしまうので、必ず2か所に留めること。また、切断する部分を台の外に出しすぎないようにすることも大切です。足で固定する場合は、ぐらつかない安定した位置で踏むようにしましょう。

technic 1 「のこぎり」をマスターする

3 30度くらいの角度をつけて切っていく

のこ道に刃を当て、30度くらいの角度をつけて押して引いてを繰り返しながら切っていきます。細かく動かすのではなく、刃の全体を使って大きく動かすのがコツです。

4 切り終わりが近づいたら手を添える

切り終わりはのこぎりをゆっくり動かし、木材を落とさないように反対側の手で支えます。支えなしで切り落としてしまうと、木材が欠けたり切り口にささくれが残ったりするので気をつけましょう。

Check!

アサリのついているのこぎりは、基本的に木くずによる引っ掛かりや詰まりが起きにくくなっています。ただし、力を入れすぎると木くずが詰まって切れなくなることがあるので、引くときにだけ軽く力を入れ、のこ身がまっすぐになるように意識して切りましょう。

ビギナーには「ソーガイド」もおすすめ

まっすぐに切ることが苦手な人には、「ソーガイド」を使うことをおすすめします。使い方は簡単で、切りたい木材をソーガイドにセットし、ガイドの切り込みにのこぎりの刃を当てて切っていくだけ。ソーガイドのサイズや大きさなどは、切断したい幅や用途によって選ぶことができます。また、まっすぐだけでなく、90度や45度のガイドがついているものもあります。

technic 2
「塗装」をマスターする

木工DIYではさまざまな塗料が使われています。
塗料の種類や特徴を知り、目的や用途に合ったものを選びましょう。

塗料の種類は大きく2つ

水性

水を溶剤として作られた塗料。臭いがほとんどせず、屋内でも安心して使えます。気温や湿気に左右されやすいので、晴れている日に十分な換気をしながら塗装しましょう。扱いやすいので、DIY初心者におすすめ。

油性

有機溶剤で薄めて作られた塗料。耐久性が高いのが特徴。また、ハケ跡が残りにくくきれいに仕上がります。水性塗料より臭いがきつく、引火性が高いので保管や片付けには注意。屋外での塗装に向いています。

本書に登場する塗料を塗るための道具

ハケにはさまざまな種類・サイズがあります。
塗料や塗る場所ごとに適したハケを知り、うまく使い分けましょう。

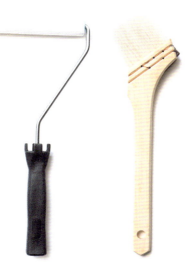

ローラーバケ

短毛・中毛・長毛などの種類があります。壁面など平らで広い場所の塗装に向いています。ハケ目が残らずムラが出にくいハケで、早く塗ることができます。ローラー部分は取り換えられるものがほとんど。

スジカイバケ

DIYでよく使われるハケの一つで、柄が45度傾斜しているのが特徴。木工家具など立体的なものや細かい部分の塗装に向いています。水性・油性塗料用やニス用などによって、山羊毛や馬毛など毛の種類も異なります。

木工家具や壁を塗装する

塗装は準備や塗り方によって仕上がりが大きく変わってきます。きれいに仕上げるために必要なポイントをおさえましょう。

1 下地をきれいに整える

塗料がよく馴染むように、ムラなく塗るために、塗料を塗る場所（下地）の状態を整えておきましょう。

木工家具の場合

塗装面にサンドペーパーをかけ、塗りムラの原因にもなる細かい傷や汚れ、表面のざらつきをとり、表面を滑らかにします。サンドペーパーの番手は数字の小さい順から、粗目→中目→細目の順に使いましょう。木目に沿って平行に削るのがポイント。

壁面の場合

中性洗剤を含ませた布などで、表面の汚れをふき取っておきます。傷やざらつきがあればサンドペーパーをかけて整え、塗料の定着をよくするために下地材（プライマー）を塗布します。

Check!

サンドペーパーを効果的に使いましょう

木の下地を整える場合、最初に数字の小さな粗目の番手を使ってささくれや凹凸などを削り、徐々に数字の大きい細目の番手を使って表面のキメを整えていきます。＃120（粗目）、＃180（中目）、＃320（細目）あたりの番手があれば十分です。処理する面が広い場合は、ハンドサンダーを使うなど効率的に使いましょう。

Chapter 3 DIYの基本テクニックを身につける

137

2 まわりの環境を整える

塗装中は塗料が垂れたり飛んだりすることがあるので、まわりが汚れないように保護しておきましょう。

机や床などで塗装する場合

木工家具や小物などの塗装をするときは、マスカー（または新聞紙など）をしいておきます。マスカーは必要な分だけ切って、ずれないように両端をマスキングテープで留めておきます。

マスカーはなるべく作業する場所いっぱいに広げ、塗料の飛び跳ねを防ぎます。シートは無理に引っ張ると破れてしまうので注意しましょう。

Check!

マスカーで保護する前に、作業場所のまわりにある家具などはできるだけ移動させておきましょう。壁に塗装する際は近くにコンセントやスイッチがあれば、カバーを外し養生テープなどで保護します。壁の端やドアなどの建具は、マスキングテープで端を養生しておけばOKです。

壁を塗装する場合

塗装する範囲のまわりにマスキングテープを貼り、塗料がはみ出ないようにします。隙間があると塗料が入り込むので、空気を抜くようにぴったりと貼りつけましょう。

塗料が下に垂れることもあるので、塗装範囲より下はマスカーで保護します。壁面だけでなく、床にもビニールシートなどをしいておきましょう。

マスカーとは…

マスキングテープと養生シートが一体化した養生用品。養生したい場所にテープを貼り、折り畳まれたポリシートを広げて使います。

technic 2 「塗装」をマスターする

3 塗料を攪拌(かくはん)する

塗料は保管している間に気温や湿気などの影響で、
沈殿したりダマができたり状態が変わることがあるので、使う前によくかき混ぜましょう。

> **必ず換気をしましょう**
>
> 屋内で作業する場合は、換気を忘れずに。晴れた日に窓を開けて作業するのがおすすめ。

水性塗料

塗料の容器をあけ、ゴムベラなど(割り箸でもOK)で全体をよくかき混ぜた後、使う分だけプラスチック容器に移します。ダマができていたり粘度が高くなっていたりしたら、水を少しずつ足して使いやすい薄さになるまで攪拌しましょう。

油性塗料

塗料を使う分だけプラスチック容器(厚めのもの)などに移しておきます。油性塗料は種類によって、ラッカーうすめ液や塗料用シンナーなど溶剤が異なります。薄めて使いたいときは溶剤や希釈率を確認してから使いましょう。

— *Check!* —

塗装をきれいに仕上げるためには、塗料をよく攪拌しておくことが大切です。塗料の粘度が高いとハケ目が残りやすく、塗りムラもできやすくなります。また、色ムラができる、塗膜がはがれるなどのトラブルが起こることもあります。塗料をあけたら、まずは底の方までしっかり混ぜて状態を確認しましょう。

Chapter 3　DIYの基本テクニックを身につける

4 塗料を家具や壁に塗る

スジカイバケとローラーバケの塗り方のコツをおさえ、
それぞれの場所に適した道具で塗料を塗っていきましょう。

スジカイバケで塗る

ハケのおろし方

毛の部分全体を手でよくしごき、表面の抜け毛を取ります。

柄を両手で挟み、くるくると素早く半回転させます。これを繰り返すと中にある抜け毛が浮いてきます。

毛先に浮いてきた抜け毛を払い取ります。抜け毛が出なくなるまで、繰り返します。

1 塗料を毛先から半分くらいまで含ませて塗っていきます。ハケは往復させず、木目に沿って一方向に動かしましょう。端に塗料がたまらないように、端を避けて塗り始めるのがコツです。

2 木口は他の箇所よりも塗料の吸収率が高いため、毛先でトントンと軽くたたくように塗料を馴染ませて少しずつ定着させます。

Check!

塗装面を変えるとき、先に塗装した面が作業台などに接触してしまいそうな場合には、端材などを挟んで浮かせておきましょう。一通り塗り終えたらいろいろな角度から見て、塗り残しや塗りムラがないか確認を。

鉛筆のように持つのがポイント！

technic 2 「塗装」をマスターする

ローラーバケで塗る

塗料をハケに馴染ませる

ローラートレイやバケットなど、ローラーバケを中で転がせるサイズのプラスチック容器を用意しましょう。塗料を使う分だけ容器に移し、ハケに均一に塗料を含ませます。塗料をつけすぎると壁面に塗装する際に垂れたり、塗りムラができやすくなったりするので、塗る前にローラーを数回転がして余分な塗料を落としておくのがポイントです。

1 ローラーハンドルのグリップに親指を添えるように持ち、Wの字を描くようにゆっくり塗っていきます。Wの幅が広すぎるとムラができてしまうので、なるべく小さく塗料を配ります。

2 Wの隙間を埋めるように、逆方向にローラーを動かしていきます。数回ローラーを往復させ、ムラや塗り残しのないように塗料をならして仕上げましょう。

3 壁の端やマスキングテープの際はローラーを細かく動かして、塗り残しのないように丁寧に塗っておきます。

Check!

塗料を攪拌した際に気泡ができていたら、容器に移した後、なくなるまで待ってから塗り始めましょう。また、木工家具を塗装する際は、木目に沿ってローラーを動かすと、ムラなく塗ることができます。

5 塗料や道具を片付ける

水性塗料のついたハケや容器は洗って乾燥させます。
油性塗料のついた布や新聞紙などは自治体のルールに従って廃棄しましょう。

油性塗料のついた道具の片付け

油性塗料は有機溶剤を使用しているため、片付けや保管には注意が必要です。油性塗料のついた布や新聞紙、マスカーなどを丸めて置いたままにしておくと、酸化反応し発火する恐れもあります。使用済みの布は熱がこもらないように広げた状態で水をかけて保管しておき、新聞紙やマスカーなどは丸めてビニール袋に入れたままにせず、自治体のルールに従って廃棄しましょう。

Check!

油性塗料のついたハケを洗浄する

油性塗料のついたハケを洗浄する場合は、水で洗浄してはいけません。専用のうすめ液の中で塗料をよく落としてから、風通しのよい場所で干して乾燥させます。ラッカー塗料の場合は、ラッカーうすめ液を使う必要があります。塗料の成分表示をよく確認してから洗浄しましょう。

水性塗料のついたスジカイバケを洗う

1 毛先についている塗料を新聞紙などで軽くふき取っておきます。

2 塗料を入れていた容器などを使って、毛先を水ですすぎます。根元までしっかりすすいで塗料を流します。

3 風通しのいい場所に干して乾燥させます。

重ね塗りでムラができてしまったら…

塗料が半乾きの状態で二度塗りすると、ハケに塗料がくっつきはがれてしまうので、ムラができてしまうことがあります。

そんなときはいったん完全に乾燥させてから、ムラになった部分にサンドペーパーをかけて整え、塗膜の厚みを均一にし、改めて重ね塗りをしましょう。

塗膜が欠けてしまったら…

養生のためのマスキングテープをはがしたら、塗膜が一緒にはがれてしまい、部分的に欠けてしまうことがあります。

その場合はもう一度欠けた部分のまわりだけマスキングテープで養生します。初めに養生した位置から段差ができないように注意しましょう。

ハケに塗料を少量だけつけ、欠けた部分に塗り直します。厚みが足りなければ、乾燥させた後サンドペーパーをかけ、重ね塗りします。

Check!

重ね塗りは乾燥とタイミングが大事

塗料を重ね塗りすると仕上がりがよりきれいになります。重ね塗りのコツは、前に塗った塗料がしっかり乾いてから塗ること。1回分の塗膜が厚くなりすぎないように、塗料の量も調整しながら塗りましょう。また、養生用のマスキングテープは塗料が半乾きのうちにはがしておきます。完全に乾いた後にはがすと欠けやすくなるので注意。

technic 3
「採寸」をマスターする

「採寸」はDIYでもっとも大切な工程です。
まずは道具の使い方をおさえ、家具の設置スペースや材料を正確に計る方法を覚えましょう。

基本的な採寸の道具

直定規（下）
材料に直線の墨付けをする際などに使います。メジャーと併せて使うなら30cmの長さがあれば十分。カッティング作業でも安全なガード付きがおすすめ。

曲尺（上）
L字形の定規で長さや直角を測る際などに使います。両面に目盛りがついており、長い方を「長手」、短い方を「妻手」と呼びます。

メジャー（右）
長いものを測る際などに使います。金属製で自立できるコンベックスが便利で、テープの位置を固定できるストッパー付きがおすすめ。

正確な墨付けをするために

木材を採寸し、カットする位置に鉛筆などで印をつけておくことを「墨付け」といいます。

墨付けを正確にするために、まず木材をよく観察してみましょう。木材は加工方法や気温、湿度などによって購入したときからサイズや形が変化することがあります。なるべく平らで採寸がしやすく直角を測りやすい面を選んでおくと、墨付けも成功しやすくなります。

technic 3　「採寸」をマスターする

メジャーと曲尺で墨付けをする

採寸の基本の道具である、メジャーと曲尺の使い方を覚えましょう。基本をおさえればさまざまな場面で応用できます。

直線の墨付けをする

1 メジャーのツメを木材の端に引っ掛け、横幅を採寸し印をつける。

2 曲尺の長手を木材に掛けて直角をとり、*1*の印を基点に墨線を引く。

3 のこぎりでカットする場合は、側面も*2*と同様に墨線を引く。

木端に墨付けをする

木端(P.10参照)に曲尺を当てて墨付けをするときは、長手を木端に沿わせ、妻手が木端に対して垂直になるようにします。

家具を組み立てる際、棚板などの木端に墨付けをしておくと、下にある材の位置を確認しやすく、ビス留めの位置も正確に決められます。

technic 4
「ドリルドライバー」をマスターする

穴あけとネジ締めの両方ができるドリルドライバーは、DIYの必須アイテム。
失敗せず安全に扱うコツを覚えましょう。

ドリルドライバーの基本を知る

- ビット
- チャック
- スイッチ
- 正逆転切替レバー
- バッテリー

ドリルビットは板材に対して垂直になるように、まっすぐ当てましょう。

ドリルドライバーは、先端のビットを付け替えることで穴あけとネジ締めの両方ができる電動式ドライバーです。正逆転切替レバーで回転方向を変えられ、ネジの締め外しができます。長時間連続で使用しないなら、動かしやすいコードレスのバッテリー式がおすすめ。

用途に応じてビットを選びましょう

木工DIYで使うドリルドライバーのビットは、主に穴あけ用とネジ締め用の2種類です。あける穴の深さや大きさ、使用するネジによって、それぞれ長さや太さなどのサイズを選んで使います。ドリルドライバーのチャックがビットの形に対応していれば、違うメーカーのものでも使うことができます。

木工DIYでネジ締めをする際は、プラスビットを使うことがほとんど。中でも1番と2番がよく使われています。下穴錐とダボ錐も必須アイテムなので、一緒に揃えておきましょう。ホームセンターではいろいろな種類・サイズがそろったセット商品も販売されています。

ドライバービット（ネジ締め用）

1番　2番

ドリルビット（穴あけ用）

下穴錐　ダボ錐

technic 4　「ドリルドライバー」をマスターする

ドリルビットで穴あけをする

ドリルビットを装着すれば、木工家具を組み立てる際などに木ネジや釘を打つための下穴を簡単にあけられます。

板材に貫通穴をあける

ビットが作業台に当たって傷をつけないように、貫通穴をあける板材の下に、木材カットの際に出た端材や厚めの本などを挟みましょう。

板材の端に貫通穴をあける場合は、穴をあける部分だけ作業台の外に逃がしてから作業しましょう。

重ねた板材に下穴をあける

重ねた板材の厚みに対して、十分な長さのドリルビットを使いましょう。反対の手で板を押さえながら、ビットを垂直に当てます。

板材が動かないように、あらかじめ両面テープなどで固定しておくと、穴あけの途中でズレが起こりにくくなります。

Chapter 3　DIYの基本テクニックを身につける

ドライバービットでネジ締めをする

木ネジの締め・外しは、ドライバービットを装着して行います。ビスのサイズに合うビットを使いましょう。

下穴にビスをセットし、ネジ頭の溝にビットの先端をかみ合わせます。板材に対して垂直に押しつけながらスイッチを入れ、半分くらいまでゆっくり回転させて打ち込みます。

半分くらいまで打ち込めたら、最後は一気に締めます。ネジ頭が板に少し埋まる程度まで打ち込むと、引っ掛かりにくくなります。

横から打つときも、板材に対して垂直にビットを当てます。板が浮かないように、もう片方の手で反対側から板材を押しながら支えましょう。

下穴をあけるのはなぜか

下穴をあけずにビスを打とうとすると、木材とビットに負荷がかかり、「木材が割れる」「ビットが折れる」「ネジ頭がつぶれる」などの失敗が起こりやすくなります。下穴はビスをまっすぐ打つためのガイドにもなるので、必ずあけるようにしましょう。

Check!

ビスは押しつけながら締める

ビスを押しつける力が甘いと、ビットが回転する力の反動でドリルドライバーが浮き、まっすぐに打ち込めません。はじめは端材などに試し打ちをして、押しつける力の加減を確かめてから打ちましょう。

technic 4 「ドリルドライバー」をマスターする

ネジ頭がつぶれてしまったときは…

サイズの合わないビットを使用したり、何度もネジ締めを繰り返したりしていると、ネジ頭がつぶれてしまうことがあります。ネジ頭がつぶれるとドライバーが空回りし、ビスが外せなくなります。ビス留めの際につぶれてしまったら、「ペンチでネジ頭をつかんで回しながら抜く」「輪ゴムをネジ頭の残った溝にかませ、上からドライバーで回す」などの方法を試してみましょう。

ドライバーとキリでネジ締めをする

小さなビスを留める際など、ドリルドライバーでうまく穴あけとネジ締めができないときは、手回しのドライバーとキリを使いましょう。

小さな下穴ならキリでもあけられます。板材に対して垂直に当て、軸がぶれないように両手で挟んで回していきます。

ドライバーのグリップエンドを手のひらで包みこむように持ちます。ドリルドライバーと同様にビスを垂直に押しながら回し締めます。

Check!

素早くビス留めができるインパクトドライバー

インパクトドライバーとは、上下方向への打撃によるパワーとモーターの回転を組み合わせることで、素早くビス留めができる電動工具のこと。ドリルドライバーよりもパワーがあり、堅い木材にビス留めするときなどにも向いています。ビットの付け替えで、ボルト締めなども行えます。

technic 5
「ダボ加工」をマスターする

「ダボ加工」を行うと、木工家具の見た目をきれいに仕上げることができます。
木工DIYではよく使われるテクニックの一つです。

「ダボ加工」とは…

「ダボ加工」は、木ダボと呼ばれる木製のパーツを使って木材を加工する方法のこと。木工家具のネジ頭が外から見えないように隠したり、ネジや釘を使わずに木材をつなぎ合わせたり組み立てたりすることができます。見た目のきれいさだけでなく、接合部分の強度を高める効果もあります。

木ダボの代わりに丸棒を使うこともできます。扱いやすいサイズにカットし、「木殺し」（→P.152）をしてから使いましょう。

ネジ頭を隠す

家具の組み立ての際などに打った木ネジが目立たないように、ネジ頭を木ダボの下に埋めて隠すことができます。

板材同士をつなぐ

木口に木ダボを通し、2枚以上の板材をつなぐことができます。テーブルなどの大きな家具を作る際に便利。

垂直に組み立てる

木ネジや釘を使わずに、木ダボだけで板材を垂直につないで家具を組み立てることができます。

Check!

加工しやすく作られた「木ダボ」

ダボ加工で使う木ダボは、長さと径ごとにさまざまなサイズがあり、加工する板材の厚みなどに合わせて選びます。面取りがされているのでダボ穴に差し込みやすく、また、表面に細かい溝が入っているので差し込んだ後に抜けにくい仕組みになっているのが特徴です。小さくて扱いやすく、すぐに使えるので丸棒よりも手間がかかりません。

technic 5 「ダボ加工」をマスターする

ネジ頭を埋めて隠す

ダボ穴に木ネジを埋めるように打ち込んだ後、
上から木ダボや丸棒を差し込むことによってネジ頭が隠れ、
自然な仕上がりになります。

必要な材料・道具

ダボ（木ダボまたは丸棒）　　鉛筆　　　　　　　　　ドリルドライバー
木ネジ　　　　　　　　　　　金づち　　　　　　　　＊下穴錐ビット、ダボ用ドリルビット、
木工用ボンド　　　　　　　　アサリのないのこぎり　　ドライバービットが必要です。

1 ビス留めする位置に鉛筆で印をつけておきます。端に寄せすぎるとダボがはみ出してしまうので、ダボの径の長さを考慮して位置決めをしましょう。

2 印をつけた上からドリルドライバーで下穴をあけます。下穴の深さは、ダボを埋める深さ（5mm程度）を考慮しましょう。

3 ドリルドライバーにダボ穴用ドリルビットを装着し、ダボ穴をあけていきます。下穴が中心にくるように、上から5mm程度の深さの穴をあけます。

4 下穴とダボ穴があきました。ダボ穴の径は、ネジ頭の大きさを確認してから決めましょう。作例では、ネジ頭の直径が6mm程度のスリムネジを使用しているので、8mmのダボ穴をあけています。

Point

ダボ穴用ドリルビットにマスキングテープを巻いておくと、ダボ穴をあけるときに深さの目印になります。ビットの先端から5mm程度を残してマスキングしました。

5 ドライバービットに付け替え、下穴の上からビス留めをします。通常のビス留めと同様に、下穴に垂直に打ち込みましょう。

6 ビス留めができました。ダボ穴に木くずがたまっていたら、払っておきましょう。

7 丸棒を使う場合は、「木殺し」をしておきます。作業台や端材の上で、ダボ穴に差し込む部分を金づちで叩きます。

8 木工用ボンドをダボ穴に入れます。入れすぎるとはみ出す量も増えるので、ダボ穴の半分くらいの深さまで入れます。

9 ダボをダボ穴に差し、金づちで上から軽く叩いて奥まで打ち込みます。奥まで打ち込めたら、叩く音が軽くなります。

technic 5 「ダボ加工」をマスターする

10 ダボの穴から出ている部分を、アサリのないのこぎり(P.132参照)で切り落とします。＊のこぎりにアサリがついていると、板材を傷つけてしまいます。

11 切り落とした断面を金づちで軽く叩きならします。溢れたボンドは布などでふき取り、傷がついていたらサンドペーパーをかけます。

12 ダボでネジ頭が隠れて外から見えなくなりました。

購入できる木ダボのサイズ

径(mm)	長さ(mm)
6*	20～50
8*	20～50
10	20～100
12	30～50

＊はDIYでよく使われるサイズ

Check!

「木殺し」をするのはなぜ？

ダボを打ち込む前に端を金づちで叩くのは、打ち込むときにダボ穴に差し込みやすくするためです。縁の角を丸くなるようにつぶしておきます。木殺しをしておくと、打ち込んだ後につぶした部分が広がり、ダボ穴にしっかり密着するというメリットもあります。金づちで叩くときは、作業台の上などの平らな場所で転がしながら、まんべんなく叩くようにしましょう。

ダボ継ぎをする

「ダボ継ぎ」とは、ダボで木材同士をつなぎ合わせる技法です。ネジや釘を使わないため、見た目がよりきれいに仕上がります。

必要な材料・道具

木ダボ　　　　　　ドリルドライバー　　　　　クランプ
ダボマーカー　　　＊ダボ用ドリルビットが必要です。　（ドリルガイド）
木工用ボンド　　　鉛筆
金づち　　　　　　汚れてもよい布

2枚の板材をつなぐ

1 ドリルドライバーにダボ用ドリルビットを装着し、片方の板材のあらかじめ鉛筆で印をつけておいた場所にダボ穴をあけます。

2 ダボ穴にダボマーカーをセットします。針が外に向くように置き、ずれないようもう一方の板材の木端を強く押し当てます。

3 これによりもう片方の板材にも、正確に同じ位置に穴あけの印をつけることができます。これがダボ穴の目印になります。

4 両方の板材のダボ穴に木工用ボンドを入れます。ダボ穴の深さの半分くらいを目安にしましょう。

5 片法の板材は木端全体に木工用ボンドを塗っておきます。偏らないようにまんべんなく塗り広げましょう。

6 片方の板材のダボ穴にダボを差し、金づちで奥までしっかり打ち込みます。

7 もう片方の板材のダボ穴にもダボを差し込み、2枚の板材を接合します。ダボが引っ掛かって止まるところまで差し込みます。

8 接合部と反対側の木端から金づちで軽く叩いて、しっかり接合させます。板材が傷つかないよう、端材などで当て木をします。

9 接合部からはみ出た木工用ボンドを布でふき取ります。ボンドが乾くまで平らな場所に置き、クランプで固定しておきます。

technic 5 「ダボ加工」をマスターする

Check!

ダボ継ぎでもっとも大切なことは、「ダボ穴を垂直にあけること」です。ダボ穴が少しでも曲がってしまうと、差し込んだダボも曲がってしまい、しっかり接合させることができません。ダボ穴を垂直にあけるのが苦手な人、確実にまっすぐにダボ穴をあけたい人には「ドリルガイド」を使うことをおすすめします。

垂直に組み立てる

1 P.154の1と同様に片方の板材にダボ穴をあけ、ダボマーカーをセットします。

2 ダボマーカーをセットした板材に、もう片方の板材を垂直になるように強く押し当てます。

3 2でへこみ跡がついた場所に、ダボ用ドリルビットを装着したドリルドライバーで下穴をあけます。

4 両方の板材のダボ穴に木工用ボンドを入れます。片方には、木端全体にまんべんなくボンドを塗っておきます。

5 片方の板材のダボ穴にダボを差し込みます。

6 ダボを金づちで叩いて打ち込み、もう片方の板材のダボ穴にもダボを差し込み、2枚を垂直に合わせます。

7 端材などで当て木をし、金づちで軽く叩いてしっかり接合させます。

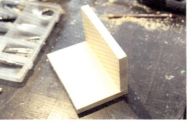

8 接合部からはみ出た木工用ボンドをふき取ります。ボンドが乾くまで平らな場所に置き、クランプで固定しておきます。

Point
ダボは、板材の大きさに合わせて必要な数を考えましょう。

column 4
木材・DIY家具のメンテナンス

自分で手をかけて作った家具はなるべくきれいな状態で長く使いたいもの。でも、実際に使っていると、ものをぶつけたりして傷をつけてしまうこともあります。さらに、直射日光やエアコンの風にあたる場所、水回りなどに置いている家具はどうしても見た目が劣化しがち。そんなときは自分でできるお手入れに挑戦してみましょう。また、木材の運搬・保管中などに誤って傷をつけてしまうことはよくありますが、そういった傷は、塗装前なら比較的簡単に修復することができます。ここでは、木材やDIYで作った家具に役立つリカバリーの方法をご紹介します。

木材にへこみ傷ができたときの補修

木材のへこみ傷は、深い傷でなければ身の回りのものを使って簡単にリカバリーできます。DIYの前にできる応急処置を覚えておきましょう。

使用する道具
水…少量
キッチンペーパー（またはタオル）…1〜2枚
（アイロン）

1 へこみ傷に少量の水をかけ、軽く馴染ませた後、さらに上から水を含ませたキッチンペーパーをのせます。

2 しばらく置き、時々様子を見て、傷が自然に修復されるのを待ちます。
＊キッチンペーパーの上からアイロンで蒸気を当てるとより早く修復されます。

Check!
へこみ傷が水で修復できるのはなぜ？
木材の繊維の間にはいくつもの空洞が存在しています。へこみ傷はその空間がつぶれている状態ですが、水を浸透させることによって自然にもとに戻ろうとする力が働きます。そして、さらに自然乾燥などによる水蒸気の蒸発が自然な修復を促す、というしくみなのです。

木工家具の傷・ひび割れ・へこみの補修

塗装などで表面加工された木工家具は、パテや木工補修用マーカー・クレヨンなどでひびやへこみ傷を埋めると、目立たなくすることができます。

使用する道具
木工パテ…適量　サンドペーパー
ヘラ　　　　　マスキングテープ

1 まわりをマスキングテープで保護してから、へこみ傷に木工パテを適量おき、押し込むように埋めていきます。

2 表面をヘラでならします。パテは乾くとへこんでしまうので、表面に少し膨みがあるくらいでOK。

3 しばらく置いて乾いたら表面をサンドペーパーで削ります。仕上げに塗料を塗れば補修完了。

木くずでも簡単に作れる！

木材を切ったときなどに出る木くずを取っておき、木工用ボンドと混ぜればパテが作れます。

たまにお手入れをして長持ちさせましょう

木工家具は長く使っているとツヤがなくなるなど、見た目の劣化が表れてくることも。頻繁・過度な手入れは必要ありませんが、気がついたときにワックスを塗り直すなど、たまにお手入れすると見違えます。塗装はがれは、表面をサンディングで整えた後、再塗装すれば簡単に補修できます。大切にお手入れして長持ちさせましょう。

column DIY 家具のメンテナンス

揃えておきたいDIYアイテム

本書に登場する基本のDIYアイテムをご紹介します。
レンタルサービスを提供するホームセンターもあるので、チェックしてみてください。

片刃　両刃　アサリなし

金づち　玄翁（げんのう）　バール

のこぎり
片刃・両刃・アサリなし

30cm程度の刃渡りなら女性でも扱いやすいサイズです。丸太など大きな木材を切らないのであれば、片刃のこぎりがあればOK。アサリ（P.132参照）のないのこぎりも、ダボ切りなどに便利。

金づち・玄翁・バール

金づちは釘を打つときの必須アイテム。玄翁は木の表面に傷をつけない「木殺し面」のあるものが便利。バールは釘を抜くときに使います。

曲尺（かねじゃく）・メジャー・直定規

曲尺・直定規は木材への墨付けに、メジャーは木材や家具などの採寸に使います。曲尺は直角を出したいときに便利。メジャーは大きなものの採寸に有効で、ストッパーがついた金属製がおすすめ。

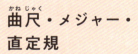

曲尺　メジャー　直定規

あると便利！

水平器
水平を調べるための道具。棚などの家具を作る際には必須のアイテム。DIYでは目盛りと気泡の位置から水平を確認する「気泡管水平器」が一般的。

下地探し
壁の裏側にある下地（間柱）を探すときに使います。針を刺して調べるタイプと、センサータイプがあります。ホームセンターなどで1,500～2,000円程度で購入可。

クランプ
木材をカットするときや、接着した木材同士を固定するときなどに便利。C型・F型・G型・バネなどの種類があり、挟める幅（口幅）によって選びます。DIYではF型がおすすめ。

ドライバー・ドリルドライバー

ドリルドライバーは、ドリルビットを交換することで穴あけ・ネジ留めが素早くできます。コードレスの充電タイプがおすすめ。細かい場所には手動のドライバーを使うことも。

サンドペーパー　　ドライバービット　　ドライバー　　ドリルドライバー　　ドリルビット

ハンドサンダー

サンドペーパー・ハンドサンダー

サンドペーパーで木材や塗装下地の表面を滑らかに整えます。番数が大きくなるほど、目が細かくなります。ハンドサンダーは、サンドペーパーをセットして広い面を研磨するのに便利。

スジカイバケ・ローラーバケ

スジカイバケは木工家具などの立体的なものに、ローラーバケは壁などの広い平面に塗るときに使います。ローラーのハケは交換可能なタイプがおすすめです。

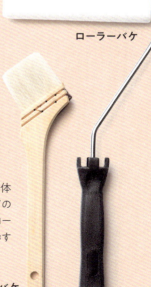

ローラーバケ

スジカイバケ

appendix 揃えておきたいDIYアイテム

著者紹介　**玉井香織** たまいかおり

DIYアドバイザー、収納アドバイザー、リメイク作家。桑沢デザイン研究所卒業。北品川の「ハレルヤ工房」を拠点に、DIYや作品作り、ホテルの内装や古民家のリノベーションなどを幅広く手がける。DIYアドバイザーとして再生をテーマに活動し、テレビや雑誌などのメディアでも多数取り上げられている。著書に『かんたんDIYで、おしゃれ収納』(実業之日本社) がある。
ハレルヤ工房　https://haleluya1.jimdo.com/

デザイン　廣田萌（文京図案室）
撮影　佐藤克秋
イラスト　篠塚朋子
編集協力　横沢ひかり（MOSH books）
編集担当　山路和彦（ナツメ出版企画）

本書に関するお問い合わせは、書名・発行日・該当ページを明記の上、下記のいずれかの方法にてお送りください。
電話でのお問い合わせはお受けしておりません。
● ナツメ社webサイトの問い合わせフォーム（https://www.natsume.co.jp/contact）
● FAX（03-3291-1305）
● 郵送（下記、ナツメ出版企画株式会社宛て）
なお、回答までに日にちをいただく場合があります。
正誤のお問い合わせ以外の書籍内容に関する
解説・個別の相談は行っておりません。
あらかじめご了承ください。

ナツメ社Webサイト
https://www.natsume.co.jp
書籍の最新情報（正誤情報を含む）は
ナツメ社Webサイトをご覧ください。

DIYでつくる収納
デッドスペース＆押し入れ活用術

2024年11月1日　初版発行

著　者	玉井香織	©Tamai Kaori,2024
発行者	田村正隆	
発行所	株式会社ナツメ社	
	東京都千代田区神田神保町1-52　ナツメ社ビル1F（〒101-0051）	
	電話 03-3291-1257（代表）　FAX 03-3291-5761	
	振替 00130-1-58661	
制　作	ナツメ出版企画株式会社	
	東京都千代田区神田神保町1-52　ナツメ社ビル3F（〒101-0051）	
	電話 03（3295）3921（代表）	
印刷所	TOPPANクロレ株式会社	

ISBN 978-4-8163-7626-9
Printed in Japan
〈定価はカバーに表示してあります〉〈乱丁・落丁本はお取り替えします〉
本書の一部または全部を著作権法で定められている範囲を超え、ナツメ出版企画株式会社に無断で写真、
複製、転載、データファイル化することを禁じます。